TABLE

Des Articles & Titres contenus en l'ordonnance du Roi, du premier Avril 1759, portant règlement pour le payement des Troupes de Sa Majesté, pendant l'hiver.

ORDONNANCE DU ROI,

Portant règlement pour le payement des Troupes de Sa Majesté, pendant l'hiver.

Du premier Avril 1759.

A PARIS,

DE L'IMPRIMERIE ROYALE.

M. DCCLIX.

ORDONNANCE
DU ROI,

Portant règlement pour le payement des Troupes de Sa Majesté, pendant l'hiver.

Du premier Avril 1759.

DE PAR LE ROI.

SA MAJESTÉ voulant régler le traitement qui sera fait à ses troupes, tant françoises qu'étrangères, pendant l'hiver 1758 à 1759, à commencer du premier novembre 1758, a ordonné & ordonne ce qui suit :

ARTICLE PREMIER.

CHACUNE des trois compagnies de Grenadiers du régiment des Gardes-françoises, composée d'un Capitaine, deux Lieutenans, deux Sous-lieutenans, deux Enseignes, & cent dix hommes, dont six Sergens, trois Caporaux, neuf Anspessades, quatre-vingt-huit Grenadiers, & quatre Tambours, sera payée sur le pied de trois cens soixante livres huit sols par mois au Capitaine, deux cens vingt-cinq livres seize sols huit deniers à chaque Lieutenant.

GARDES-FRANÇOISES.
Compagnies de Grenadiers.

A.

cent dix livres huit sols quatre deniers à chaque Sous-lieutenant, soixante-treize livres six sols huit deniers à chaque Enseigne, quarante livres un sol huit deniers à chacun des cinq premiers Sergens, trente-huit livres quinze sols au sixième Sergent, vingt-deux livres cinq sols à chaque Caporal, dix-neuf livres quinze sols à chaque Anspessade & Tambour, seize livres quinze sols à chaque Grenadier; pareilles seize livres quinze sols pour la paye du Major, dix livres quinze sols pour celle du Commissaire; & seize livres quinze sols pour chacune des douze payes de

Payes
de gratification.

gratification que Sa Majesté accorde au Capitaine, sa compagnie étant complète de cent dix hommes, huit seulement à cent quatre jusqu'à cent neuf, & rien au dessous dudit nombre de cent quatre hommes.

Compagnies
de Fusiliers.

Chacune des trente compagnies de Fusiliers, composée d'un Capitaine, un Lieutenant, un premier & second Sous-lieutenant, deux Enseignes, six Sergens, trois Caporaux, neuf Anspessades, quatre Tambours, & cent dix-huit Fusiliers, y compris les quatorze qui ont été mis d'augmentation dans chacune desdites trente compagnies, par ordonnance du 28 septembre 1756, pour les mettre de cent vingt-six à cent quarante hommes, sera payée sur le pied par mois, de deux cens cinquante-cinq livres au Capitaine, cent soixante-dix livres seize sols huit deniers au Lieutenant, quatre-vingt-cinq livres huit sols quatre deniers à chacun des premier & second Sous-lieutenans, cinquante-cinq livres à chaque Enseigne, trente-cinq livres dix-huit sols quatre deniers à chacun des quatre premiers Sergens, trente-quatre livres quatre sols deux deniers à chacun des deux autres, dix-huit livres dix-huit sols quatre deniers à chaque Caporal, dix-sept livres cinq sols à chaque Anspessade & Tambour, quatorze livres quinze sols à chaque Fusilier; pareilles quatorze livres quinze sols pour la paye du Major, dix livres quinze sols pour celle du Commissaire; & pareilles dix livres quinze sols pour chacune des quatorze payes de

Payes
de gratification.

gratification que Sa Majesté accorde au Capitaine, sa

compagnie étant complète de cent quarante hommes, les Officiers non compris, n'en devant recevoir que sept sa compagnie étant à cent trente-deux jusqu'à cent trente-neuf hommes inclusivement, & rien au dessous dudit nombre de cent trente-deux hommes.

Il sera payé en outre à chacun des Capitaines trente sols par jour, pour appointer les trente meilleurs Soldats de sa compagnie.

A l'égard des Officiers de l'État-major dudit régiment, *État-major.* ils continueront d'être payés de leurs appointemens suivant les états que Sa Majesté en fera expédier.

I I.

CHACUNE des douze compagnies du régiment des *GARDES-SUISSES.* Gardes-suisses, composée de deux cens hommes, les Officiers compris, sera payée à raison de vingt livres six sols par mois pour chaque homme, & pour chacune des trente payes de gratification que Sa Majesté accorde au Capitaine, *Payes de gratification.* sa compagnie étant de cent soixante-quinze hommes & au dessus, jusqu'au complet de deux cens hommes : Sa Majesté trouve bon aussi de faire payer au Capitaine la somme de cent quarante-deux livres deux sols par mois, pour appointer les Porte-outils, & les plus anciens & apparens Soldats de sa compagnie. Au moyen de quoi ledit Capitaine doit avoir & entretenir un Lieutenant, à raison de cent cinquante livres par mois, un second Lieutenant à cent vingt livres, un Sous-lieutenant à quatre-vingt-dix livres, & deux Enseignes à soixante-quinze livres chacun, deux Sergens à trente-cinq livres chacun, trois autres Sergens à trente livres, & trois autres à vingt-cinq livres, un Chirurgien à trente livres, quatre Trabans, six Tambours, un Fifre, six Caporaux, six Appointés, & cent soixante-deux Soldats : Sa Majesté ayant aussi réglé qu'outre les Officiers ci-dessus, les Capitaines qui auront des régimens, seront tenus d'avoir un Capitaine-lieutenant, pour commander leur compagnie, qu'ils payeront à raison de deux cens livres par mois.

Les Officiers de l'État-major, & ceux de la Compagnie générale dudit régiment des Gardes-suisses, continueront d'être payés suivant les états & ordres que Sa Majesté fera expédier.

I I I.

INFANTERIE FRANÇOISE.

CHAQUE bataillon d'Infanterie françoise, mis par ordonnance du premier août 1755, à dix-sept compagnies, dont une de Grenadiers de quarante-cinq hommes, & seize de Fusiliers de quarante hommes, faisant au total six cens quatre-vingt-cinq hommes, sera payé sur le pied par jour, savoir :

La compagnie de Grenadiers, à raison de six livres au Capitaine, y compris trente-neuf sols six deniers de supplément.

Quarante sols au Lieutenant, y compris deux sols dix deniers de premier supplément, & cinq sols deux deniers de second supplément.

Vingt-six sols huit deniers au Sous-lieutenant, y compris six sols huit deniers de supplément.

Douze sols quatre deniers à chacun des deux Sergens, huit sols huit deniers à chacun des trois Caporaux, sept sols huit deniers à chacun des trois Anspessades, six sols huit deniers à chacun des trente-six Grenadiers & au Tambour.

Le Capitaine, outre l'appointement ci-dessus, recevra cinq payes de gratification de six sols huit deniers chacune, dont deux payes de supplément, sa compagnie étant complète de quarante-cinq hommes, & rien au dessous dudit nombre.

Le Capitaine de Grenadiers, au moyen du traitement ci-dessus, payera vingt-cinq livres de chaque Soldat qui sera tiré du régiment pour entrer dans sa compagnie.

Chacune des seize compagnies de Fusiliers de chaque bataillon, sera payée sur le pied par jour, savoir:

Aux Capitaines des quatre premières compagnies, à raison

raison de cinq livres six sols huit deniers chacun, y compris seize sols huit deniers de premier supplément, & quarante sols de second supplément.

Aux Capitaines des quatre compagnies qui suivent par leur rang, à raison de quatre livres treize sols quatre deniers à chacun, y compris seize sols huit deniers de premier supplément, & vingt-six sols huit deniers de second supplément.

Aux Capitaines des huit dernières compagnies, à raison de quatre livres à chacun, y compris seize sols huit deniers de premier supplément, & treize sols quatre deniers de second supplément.

A chaque Lieutenant des seize compagnies de Fusiliers, trente-trois sols quatre deniers, y compris deux sols dix deniers de premier supplément, & dix sols six deniers de second supplément.

A l'égard des Sergens, Caporaux, Anspessades & Fusiliers desdites compagnies de Fusiliers, ils seront payés sur le pied par jour, de onze sols quatre deniers à chacun des deux Sergens, sept sols huit deniers à chacun des trois Caporaux, six sols huit deniers à chacun des trois Anspessades, & cinq sols huit deniers à chacun des trente-un Fusiliers & au Tambour.

Le Capitaine de Fusiliers, outre l'appointement ci-dessus, recevra cinq payes de gratification de cinq sols huit deniers chacune, dont deux payes de supplément, sa compagnie étant complète de quarante hommes, trois à trente-neuf, une seulement à trente-huit hommes, & rien au dessous dudit nombre de trente-huit hommes.

Payes
de gratification.

Les cinq hommes surnuméraires par compagnie, établis dans le régiment d'Infanterie du Roi, par ordonnance du 7 septembre 1741, & que Sa Majesté, par celles des 20 février 1749 & premier août 1755, a bien voulu continuer d'y entretenir au-delà du complet en chacune des soixante-huit compagnies dudit régiment, sans tirer à conséquence pour les autres régimens de son Infanterie françoise, y recevront leur solde sur le pied de six sols huit deniers par jour à chaque Grenadier, & de cinq sols

Soldats sur-
numéraires du
régiment du Roi.

huit deniers à chaque Fusilier qui sera présent aux revûes des Commissaires des guerres, jusqu'audit nombre de cinq par compagnie; sans que cela produise aucune augmentation dans les Haute-payes, ni dans les payes de gratification desdites compagnies.

Capitaines en second. Les Capitaines en second, qui, par la réforme, remplissent des places de Lieutenant dans les compagnies de Fusiliers en ladite qualité de Capitaines en second, seront payés de leurs appointemens, à raison de quarante-deux sols chacun par jour, tant qu'ils serviront en ladite qualité; lesquelles places de seconds Officiers des compagnies de Fusiliers, ne pourront être remplies, au défaut de Capitaines en second actuellement en chaque régiment, que par des Lieutenans aux appointemens attachés à ce grade, de trente-trois sols quatre deniers par jour.

Enseignes. Les deux Enseignes entretenus pour porter les deux drapeaux que Sa Majesté a réglé, par son ordonnance du 10 février 1749, qu'il y auroit à l'avenir par bataillon, avec rang de Lieutenant, recevront leurs appointemens sur le pied de vingt-deux sols huit deniers chacun par jour, y compris deux sols dix deniers de premier supplément, & quatre sols dix deniers de second supplément.

Lieutenans en second, sans appointemens, au régiment d'Infanterie du Roi. Les Lieutenans en second que Sa Majesté, par son ordonnance du 20 février 1749, a bien voulu conserver sans appointemens, sur le pied d'un en chacune des compagnies de Fusiliers de son régiment d'Infanterie où il n'y a point d'Enseigne; & le Sous-lieutenant que Sa Majesté, par son ordonnance du 8 novembre 1750, a aussi établi sans appointemens en chacune des compagnies de Fusiliers dudit régiment, auront seulement le logement dans tous les lieux où se trouvera ledit régiment, & l'étape en route, ainsi qu'elle a été réglée par l'ordonnance du premier avril 1737.

État-major du premier bataillon de chaque régiment. Les Officiers de l'État-major de chaque premier bataillon ou des régimens d'Infanterie françoise, y compris ceux où il y a Prevôté, seront payés sur le pied par jour, savoir; de cinq livres au Colonel, tant pour lui tenir lieu des appointemens dont il jouiſſoit comme Capitaine, que de ceux de Colonel; de quatre livres treize ſols quatre deniers d'appointemens au Lieutenant-colonel, indépendamment de cinq livres onze ſols un denier un tiers, à titre d'augmentation de traitement, auxquels Colonel & Lieutenant-colonel Sa Majeſté a jugé convenable, par ſon ordonnance du 10 février 1749, d'ôter les compagnies qu'ils commandoient ci-devant; cinq livres ſix ſols huit deniers au Major, y compris ſeize ſols huit deniers de premier ſupplément, & quarante ſols de ſecond ſupplément; quatre livres au ſecond Major du régiment du Roi, établis par ordonnance du premier juillet 1758, en ſupprimant le cinquième Aide-major; trois livres ſix ſols huit deniers à l'Aide-major, y compris deux ſols dix deniers de premier ſupplément, & trente ſols ſix deniers de ſecond ſupplément; vingt ſols au Maréchal-des-logis, & dix ſols à chacun des Aumônier & Chirurgien.

Sa Majeſté ayant réglé par ſon ordonnance du 20 février 1749, que la compagnie Colonelle de ſon régiment d'Infanterie ſeroit conſervée, & commandée comme ci-devant par le Colonel-lieutenant, il ne ſera payé en ladite qualité de Colonel que ſur le pied de trente-trois ſols quatre deniers par jour, indépendamment des appointemens qu'il recevra comme Capitaine, à raiſon de quatre livres par jour, les gradations d'augmentation de traitemens, établies pour les compagnies de Fuſiliers, devant avoir lieu pour ledit régiment comme pour les autres de l'Infanterie françoiſe, à commencer du premier Capitaine factionnaire.

Colonel-lieutenant du régiment du Roi.

Sa Majeſté ayant réglé par ſon ordonnance particulière du 12 janvier 1750, que le ſieur Chevalier de Beauveau, Colonel en ſecond du régiment des Gardes de Lorraine, auroit les mêmes appointemens de cinq livres par jour, dont jouiſſent les Colonels en pied, du jour qu'il a ceſſé d'avoir une compagnie par la réforme; il continuera de recevoir leſdits appointemens, tant qu'il ſervira en ladite qualité de Colonel en ſecond.

Colonel en ſecond du régiment des Gardes de Lorraine.

Prevôté en trente-cinq régimens.

Les Officiers de la Prevôté qui est en chacun des régimens de Picardie, Champagne, Navarre, Piémont, Normandie, la Marine, la Tour-du-Pin, Bourbonnois, Auvergne, Belsunce, Talaru, du Roi, Royal, Lyonnois, Dauphin, d'Aquitaine, d'Eu, la Reine, Royal-des-Vaisseaux, Orléans, la Couronne, Artois, Royal-Roussillon, Condé, Bourbon, Royal-la-Marine, Royal-Comtois, Rohan-Rochefort, Nice, Penthièvre, Chartres, Conti, Enghien, Gardes de Lorraine, & ceux de la Prevôté établis par ordonnance du 9 février 1753, dans le régiment de la Marche-Prince, seront payés sur le pied par jour, de vingt-six sols huit deniers au Prevôt, treize sols quatre deniers à son Lieutenant, huit sols quatre deniers au Greffier, & cinq sols à chacun des cinq Archers & à l'Exécuteur de justice.

État-major des second, troisième & quatrième bataillons.

Le Commandant de chacun des second, troisième & quatrième bataillons des régimens où il y en a ce nombre, & auquel, par ordonnance du 10 février 1749, on a ôté la compagnie qu'il commandoit, sera payé sur le pied de quatre livres d'appointemens par jour, indépendamment de deux livres quinze sols six deniers deux tiers, aussi par jour, à titre d'augmentation de traitement; & l'Aide-major de chacun desdits bataillons, recevra trois livres six sols huit deniers par jour, y compris deux sols dix deniers de premier supplément, & trente sols six deniers de second supplément.

Sous-Aides-major dans le régiment du Roi.

Les quatre Sous-aides-major que Sa Majesté a établis dans son régiment d'Infanterie par ordonnance du 20 juillet 1753, continueront de recevoir les seize livres treize sols quatre deniers par mois, réglées par ladite ordonnance, indépendamment de leurs appointemens de Lieutenans.

Appointemens conservés aux anciens Commandans de bataillon.

Les Officiers qui commandoient les bataillons qui ont été réformés par les réductions ordonnées dans l'Infanterie françoise en 1748 & 1749, continueront de jouir, en conséquence de l'article X de l'ordonnance du 10 février 1749, des trente-six sols huit deniers par jour

qu'ils

qu'ils avoient en ladite qualité de Commandant de bataillon, jusqu'à ce qu'ils soient remplacés; & ce indépendamment des appointemens de Capitaine de leur compagnie, avec laquelle ils ont passé dans les bataillons qui
sont restés sur pied, en conservant les appointemens,
le titre & le rang de Commandant de bataillon.

Les quatre compagnies de nouvelle levée, restées en
France, de chacun des seconds bataillons des régimens
Royal-Roussillon & la Sarre, passés en Canada, seront
payées de leur solde sur le pied du nombre d'hommes
dont elles seront composées aux revûes des Commissaires
des guerres, & les Capitaines, sur le pied ci-dessus réglé
pour les Capitaines des huit dernières compagnies de
Fusiliers de chaque bataillon, qui est de quatre livres par
jour. Les Lieutenans recevront aussi les mêmes appointemens ci-dessus réglés pour les Lieutenans des compagnies
de Fusiliers, qui sont de trente-trois sols quatre deniers
par jour.

Compagnies de nouvelle levée des seconds bataillons des régimens Royal-Roussillon & de la Sarre.

Les Officiers réformés à la suite des régimens d'Infanterie françoise, y seront payés des appointemens par mois
qui leur ont été réglés, en passant présens aux revûes.

Officiers réformés à la suite des régimens.

Les régimens d'Infanterie françoise & étrangére, qui
servent dans les isles de Minorque & de Corse, seront
payés de leur solde sur le même pied réglé par la présente
ordonnance; & à l'égard du traitement extraordinaire que
Sa Majesté leur a accordé, ils continueront à en jouir sur le
pied des réglemens qui en ont été ordonnés; le payement
de laquelle solde & traitemens extraordinaires sera fait par
les Trésoriers servant près lesdites troupes dans lesdites
isles, & la dépense employée dans leurs comptes.

Régimens qui servent dans les isles de Minorque & de Corse.

Les Officiers qui, en conséquence des ordonnances
des 30 décembre 1757 & 9 avril 1758, représenteront
ceux qui sont prisonniers de guerre, continueront de jouir
en conséquence desdites ordonnances, savoir, les Capitaines exploitant les compagnies des Capitaines prisonniers, des appointemens de quatre livres par jour, quand
même ils représenteroient des Capitaines des premières

Officiers représentans ceux prisonniers de guerre.

compagnies, auxquels Sa Majesté a réglé des appointemens plus forts.

Lefdits Capitaines repréfentans, continueront de jouir auffi de tout le traitement attaché à leur grade, ainfi que des émolumens de la compagnie qu'ils exploitent, de l'entretien & des réparations de laquelle ils feront tenus.

Les Lieutenans qui remplaceront ceux qui font prifonniers, feront payés fur le pied réglé pour les autres Lieutenans.

Et les Aides-majors qui repréfenteront les Aides-majors prifonniers, recevront les mêmes appointemens des autres Aides-majors de l'Infanterie françoife. A l'égard des Officiers prifonniers, ils feront payés ainfi que Sa Majefté s'en eft expliquée par lefdites ordonnances, fur des ordres particuliers, & Elle entend qu'ils jouiffent, des augmentations de traitement réglé par la préfente ordonnance, fuivant leur grade & le rang qui leur eft confervé.

Les Officiers qui auront été nommés pour repréfenter les Lieutenans - colonels, Commandans de bataillon, Majors & Capitaines de Grenadiers prifonniers, jouiront des appointemens & fourrages attribués à chacun de ces grades, & les Officiers prifonniers qu'ils repréfenteront, feront payés fur les ordres particuliers de Sa Majefté.

Entend Sa Majefté que les penfions attribuées aux Lieutenans-colonels & premiers Capitaines de vingt régimens de fon Infanterie Françoife, ainfi que les gratifications attachées aux charges, continuent d'être payées aux Officiers prifonniers qui en jouiffent.

Royal-Lorraine & Royal-Barrois.

Les régimens Royal-Lorraine & Royal-Barrois, formés par ordonnance du 20 mars 1757, & compofés chacun d'un bataillon de fix cens quatre-vingt-cinq hommes en neuf compagnies, dont une de Grenadiers de quarante-cinq hommes, & huit de Fufiliers de quatre-vingts hommes, feront payés fur le pied par jour, favoir:

Compagnie de Grenadiers.

Chaque compagnie de Grenadiers, de fix livres au

Capitaine en pied; trois livres au Lieutenant en premier, quarante fols au Lieutenant en fecond, douze fols quatre deniers à chacun des trois Sergens, huit fols huit deniers à chacun des trois Caporaux, fept fols huit deniers à chacun des trois Anfpeffades, & fix fols huit deniers à chacun des trente-cinq Grenadiers & au Tambour.

Chaque compagnie de Fufiliers fera payée fur le pied par jour, de cinq livres au Capitaine en pied, trois livres dix fols au Capitaine en fecond, cinquante fols au Lieutenant en premier, trente-trois fols quatre deniers au Lieutenant en fecond ou à l'Enfeigne établi dans les deux premières compagnies de Fufiliers de chaque régiment, au lieu d'un Lieutenant en fecond pour porter les drapeaux; onze fols quatre deniers à chacun des quatre Sergens, fept fols huit deniers à chacun des fix Caporaux, fix fols huit deniers à chacun des fix Anfpeffades, & cinq fols huit deniers à chacun des foixante-deux Fufiliers & deux Tambours. *Compagnies de Fufiliers.*

L'État-major de chacun des deux régimens, fera payé fur le pied par jour, favoir, de onze livres au Colonel, neuf livres au Lieutenant-colonel, tant pour leurs appointemens en leurs qualités, que pour leur tenir lieu de ceux de Capitaine, ne devant point avoir de compagnie; fix livres au Major, trois livres dix fols à l'Aide-major, vingt fols au Maréchal-des-logis, dix fols à l'Aumônier, pareils dix fols au Chirurgien, vingt-fix fols huit deniers au Prevôt, treize fols quatre deniers à fon Lieutenant, huit fols quatre deniers au Greffier, & cinq fols à chacun des cinq Archers & à l'Exécuteur. *État-major, avec Prevôté, des deux régimens.*

Au moyen du traitement ci-deffus réglé à ces régimens, qui leur fera continué tant pendant la guerre que pendant la paix, il ne leur fera accordé ni uftenfile ni argent de recrue, devant être toûjours complets au moyen des hommes qui leur feront fournis des Milices de Lorraine & de Bar; mais Sa Majefté leur donnera des routes avec étape pour faire joindre les hommes de remplacement.

Comme ces régimens feront toûjours à la paye de

garnifon, ils auront la faculté en campagne de prendre le pain de munition & la viande, aux retenues ordinaires fur la folde.

Maſſe.   Outre la folde ci-deſſus réglée pour les Sergens, Caporaux, Anfpeſſades, Grenadiers, Soldats & Tambours, qui leur fera payée fans aucune retenue, au moyen de quoi ils doivent s'entretenir de linge & de chauſſure, il continuera d'être payé vingt-quatre deniers par jour pour chaque Sergent, y compris quatre deniers de fupplément, & douze deniers pour chacun des autres, y compris auſſi deux deniers de fupplément, même des trois cens quarante Grenadiers & Soldats furnuméraires que Sa Majeſté a bien voulu entretenir dans fon régiment d'Infanterie, qui formeront une Maſſe toûjours complète par bataillon, fans avoir égard aux hommes qui pourroient manquer dans les compagnies ; laquelle demeurera entre les mains du Tréforier, qui en donnera fes reconnoiſſances à la fin de l'année, au Major ou Officier chargé du détail du régiment ou bataillon, en deux billets, l'un à titre de Groſſe Maſſe, fur le pied de feize deniers par Sergent & huit deniers par Soldat, & l'autre à titre de Petite Maſſe, à raifon de huit deniers par Sergent, & de quatre deniers par Soldat ; laquelle Maſſe fera remife fur la main-levée des Infpecteurs généraux, à ceux qui auront fait les fournitures de l'habillement & équipement defdits régimens ou bataillons.

Maſſe des quatre nouvelles compagnies des feconds bataillons des régimens de la Sarre & de Royal-Rouſſillon, reſtées en France, & des régimens Royal-Lorraine & Royal-Barrois.   Les quatre compagnies nouvelles du fecond bataillon du régiment de la Sarre, & les quatre compagnies nouvelles du fecond bataillon de celui de Royal-Rouſſillon, reſtées en France, recevront la Maſſe comme les premiers bataillons de ces deux régimens, auxquels elles font attachées. Les régimens Royal-Lorraine & Royal-Barrois jouiront auſſi de la Maſſe ci-deſſus réglée à commencer du premier janvier 1758.

IV.

Penſions de vingt régimens   L'INTENTION de Sa Majeſté eſt que les Commis du Tréforier général de l'Extraordinaire des guerres, dans les départemens

départemens ou dans les armées, continuent de payer ce qu'Elle accorde annuellement à titre de Pension attachée à l'ancienneté de service, dans chacun des vingt régimens d'Infanterie françoise ci-après dénommés, aux Lieutenans-colonels & premiers Capitaines desdits régimens, & Elle ordonne que le payement de ces Pensions soit fait tous les trois mois aux Officiers qui seront pourvûs des grades auxquels elles sont attachées, c'est-à-dire, le quartier des mois de janvier, février & mars, dans le courant d'avril; celui des mois d'avril, mai & juin, dans le courant de juillet; celui des mois de juillet, août & septembre, dans le courant d'octobre; & celui des trois derniers mois, dans le courant du mois de janvier suivant, & sur le pied par an des sommes ci-après spécifiées pour chaque grade, savoir; pour chacun des régimens de Picardie, Champagne, Navarre, Piémont, Normandie & la Marine, à raison de six cens livres par an au Lieutenant-colonel, cinq cens livres au premier Capitaine, & quatre cens livres à chacun des second, troisième, quatrième & cinquième Capitaines.

Pour le régiment d'Infanterie de Sa Majesté, six cens livres par an au Lieutenant-colonel, cinq cens livres au premier Capitaine, & quatre cens livres à chacun des second, troisième, quatrième, cinquième, sixième & septième Capitaines.

Pour chacun des régimens de la Tour-du-Pin, Bourbonnois, Auvergne, Belsunce, Talaru, Royal, Dauphin, Aquitaine, la Reine, Royal-des-Vaisseaux, la Couronne & Royal-Roussillon, sur le pied de six cens livres par an au Lieutenant-colonel, cinq cens livres au premier Capitaine, & quatre cens livres à chacun des second & troisième Capitaines.

Et pour le régiment d'Artois, six cens livres par an au Lieutenant-colonel, & cinq cens livres au premier Capitaine.

L'intention de Sa Majesté est que dans le cas où quelqu'un des Officiers qui jouissent de ces pensions viendroit à décéder avant l'échéance des trois mois de chaque quartier, il ne soit fait aucun décompte de sadite Pension, ne devant en jouir qu'autant qu'il aura vécu lesdits trois mois.

Et qu'à l'égard de la Pension attachée au grade de Lieutenant-colonel, elle ne puisse passer à son successeur que de la date de sa commission de Lieutenant-colonel.

V.

Corps des Grenadiers de France. LE Corps des Grenadiers de France, formé par ordonnance du 15 février 1749, & qui, suivant celle du 15 septembre 1750, a rang dans l'Infanterie immédiatement après le régiment de Bourbon, ce Corps composé de quatre brigades de douze compagnies de quarante-cinq hommes, faisant au total deux mille cent soixante hommes, sur le pied de cinq cens quarante hommes par brigade, sera payé à raison par jour, savoir:

Compagnies. Chacune des quarante-huit compagnies, de sept livres douze sols six deniers au Capitaine, dont cinquante-deux sols six deniers de supplément, tant pour ses appointemens, que pour lui tenir lieu des cinq payes de gratification dont jouissent les Capitaines de Grenadiers des régimens d'Infanterie françoise, leur compagnie étant complète; quarante sols au Lieutenant, y compris deux sols dix deniers de premier supplément, & cinq sols deux deniers de second supplément; vingt-six sols huit deniers au Lieutenant en second, y compris six sols huit deniers de supplément; douze sols quatre deniers à chacun des deux Sergens, huit sols huit deniers à chacun des trois Caporaux, sept sols huit deniers à chacun des trois Anspessades, & six sols huit deniers à chacun des trente-six Grenadiers & au Tambour.

Supplément de solde aux Charpentiers. Le Sergent, le Caporal, & les onze Grenadiers entretenus en chacune des quatre brigades, sous la dénomination de Charpentiers, recevront, en conséquence de l'ordonnance du 15 août 1750, un supplément de solde par jour, de deux sols au Sergent, un sol six deniers au Caporal, & un sol à chaque Grenadier-Charpentier.

Enseignes. L'Enseigne qui est en chacune des quatre brigades, sera payé sur le pied de vingt-deux sols huit deniers par jour, y compris deux sols dix deniers de premier supplément, & quatre sols dix deniers de second supplément.

L'État-major dudit corps recevra par jour, savoir, l'Inspecteur-commandant, vingt-deux livres quatre sols cinq deniers un tiers; le sieur de Lanjamet, ci-devant Major, & établi Commandant en second dudit corps par ordonnance du 8 juillet 1756, treize livres six sols huit deniers par jour, lequel traitement sera éteint du jour que ledit sieur de Lanjamet ne sera plus employé audit corps; cinq livres six sols huit deniers à chacun des quatre Sergens-majors créés par la même ordonnance du 8 juillet 1756, y compris six sols huit deniers de supplément; trois livres six sols huit deniers à chacun des quatre Aides-majors, y compris deux sols dix deniers de premier supplément, & trente sols six deniers de second supplément; vingt sols à chacun des Aumônier & Chirurgien, & au Tambour & au Fifre, chacun treize sols quatre deniers.

État-major.

Les Colonels & Lieutenans-colonels destinés à servir audit régiment, continueront de recevoir, savoir, chaque Colonel, dix livres par jour; & chaque Lieutenant-colonel, huit livres six sols huit deniers, aussi par jour, pour le temps qu'ils seront de service audit régiment, seulement.

Colonels & Lieutenans-colonels de service aux Grenadiers de France.

A l'égard de la Masse, elle sera payée sur le pied complet, à commencer du premier janvier de la présente année, à raison par jour, de vingt-quatre deniers par Sergent, & douze deniers à chaque Caporal, Anspessade, Grenadier-fusilier & Tambour, du produit de laquelle le Trésorier remettra à la fin de l'année, deux billets, ainsi qu'il est expliqué à l'article de l'Infanterie françoise; & le payement n'en sera fait que sur la main-levée de l'Inspecteur-commandant dudit corps.

Masse.

LES bataillons, compagnies de Mineurs & d'Ouvriers du Corps royal de l'Artillerie, continueront d'être payés suivant leur ancienne composition, des appointemens & solde qui leur ont été réglés en conséquence de

CORPS ROYAL de l'ARTILLERIE.

l'ordonnance du 25 février 1758, jusques & compris le dernier décembre de ladite année 1758.

Sa Majesté ayant, par son ordonnance du 5 novembre 1758, donné une nouvelle forme à ce Corps, qui en conséquence, est composé, à commencer du premier janvier 1759, de six brigades, six compagnies de Sappeurs & six compagnies de Mineurs;

Chacune desdites brigades, composée de huit compagnies de cent hommes chacune, dont une d'Ouvriers, cinq de Canonniers & deux de Bombardiers, sera payée, à commencer dudit jour premier janvier 1759, savoir;

Compagnies d'Ouvriers. La compagnie d'Ouvriers, composée d'un Capitaine en premier, deux Capitaines en second, deux Lieutenans en premier, deux Lieutenans en second, six Sergens ou Maîtres-ouvriers, six Caporaux ou Sous-maîtres, six Anspessades, soixante Ouvriers, dix-neuf Apprentifs & trois Tambours, sera payée sur le pied par jour, de six livres treize sols quatre deniers au Capitaine en premier, trois livres six sols huit deniers à chacun des Capitaines en second, cinquante sols à chacun des Lieutenans en premier, quarante sols à chacun des Lieutenans en second, vingt sols dix deniers à chaque Sergent ou Maître-ouvrier, dix-huit sols deux deniers à chaque Caporal, seize sols deux deniers à chaque Anspessade, quinze sols deux deniers à chacun de vingt-cinq des soixante Ouvriers, douze sols deux deniers à chacun des trente-cinq autres, dix sols deux deniers à chacun des vingt-un Apprentifs, & neuf sols huit deniers à chacun des trois Tambours. Le Capitaine jouira en outre de seize payes de gratification de dix sols deux deniers chacune, sa compagnie étant complète de cent hommes; douze à quatre-vingt-dix-huit, huit à quatre-vingt-seize, six à quatre-vingt-quatorze, quatre à quatre-vingt-douze, & aucune sa compagnie étant au dessous dudit nombre de quatre-vingt-douze hommes.

Compagnies de Canonniers. Chacune des compagnies de Canonniers, composée d'un Capitaine en premier, de deux Capitaines en second,

deux

deux Lieutenans en premier, deux Lieutenans en second, six Sergens, six Caporaux, six Anspessades, soixante-dix-neuf Canonniers & trois Tambours, sera payée sur le pied par jour, de six livres treize sols quatre deniers au Capitaine en premier, trois livres six sols huit deniers à chacun des Capitaines en second, cinquante sols à chacun des deux Lieutenans en premier, quarante sols à chacun des deux Lieutenans en second, vingt sols dix deniers à chaque Sergent, quatorze sols huit deniers à chaque Caporal, onze sols huit deniers à chaque Anspessade, neuf sols huit deniers à chacun de dix-huit des soixante-dix-neuf Canonniers, sept sols deux deniers à chacun des dix-huit autres, six sols deux deniers à chacun des quarante-trois restans, & neuf sols huit deniers à chacun des trois Tambours.

Chaque compagnie de Bombardiers, sera composée d'un Capitaine en premier, de deux Capitaines en second, deux Lieutenans en premier, deux Lieutenans en second, six Sergens, six Caporaux, six Anspessades, soixante-dix-neuf Bombardiers & trois Tambours, sera payée sur le pied par jour, de six livres treize sols quatre deniers au Capitaine en premier, trois livres six sols huit deniers à chacun des Capitaines en second, cinquante sols à chaque Lieutenant en premier, quarante sols à chaque Lieutenant en second, vingt sols dix deniers à chaque Sergent, quinze sols deux deniers à chaque Caporal, treize sols deux deniers à chaque Anspessade, douze sols deux deniers à chacun de quatre des seize Artificiers-Bombardiers, onze sols huit deniers à chacun de six desdits Artificiers-Bombardiers, dix sols huit deniers à chacun des six autres, neuf sols huit deniers à chacun de douze des soixante-trois Bombardiers, sept sols deux deniers à chacun de douze autres, six sols deux deniers à chacun des trente-neuf restans, & neuf sols huit deniers à chacun des trois Tambours.

Compagnies de Bombardiers.

L'État-major de chaque Brigade, composée d'un Brigadier ou Chef de brigade, d'un Colonel, d'un Lieutenant-

État-major.

colonel, un Major, un Aide-major, un Sous-aide-major, un Garçon-major, un Aumônier & un Chirurgien, sera payé sur le pied par jour; savoir, de seize livres treize sols quatre deniers au Chef de brigade, treize livres six sols huit deniers au Colonel, neuf livres six sols huit deniers au Lieutenant-colonel, huit livres six sols huit deniers au Major, six livres à l'Aide-major, cinquante sols au Sous-aide-major, quarante sols au Garçon-major, vingt-sept sols dix deniers à l'Aumônier, & trente-trois sols quatre deniers au Chirurgien.

Compagnie de Sappeurs.   Chacune des six compagnies de Sappeurs, attachées à la suite des Brigades dudit Corps royal de l'Artillerie, de soixante hommes, composée d'un Capitaine en premier, un Lieutenant en premier, deux Lieutenans en second, trois Sergens, trois Caporaux, trois Anspessades, cinquante Sappeurs & un Tambour, sera payée sur le pied par jour, de six livres treize sols quatre deniers au Capitaine, cinquante sols au Lieutenant en premier, quarante sols à chacun des deux Lieutenans en second, vingt sols dix deniers à chaque Sergent, quatorze sols huit deniers à chaque Caporal, onze sols huit deniers à chaque Anspessade, neuf sols huit deniers à chacun de onze des cinquante Sappeurs, sept sols deux deniers à chacun des trente-neuf autres, & neuf sols huit deniers au Tambour.

Compagnies de Mineurs.   Chacune des six compagnies de Mineurs, attachées aussi à la suite des Brigades dudit Corps royal de l'Artillerie, composée d'un Capitaine en premier, d'un Capitaine en second, deux Lieutenans en premier, deux Lieutenans en second, quatre Sergens, quatre Caporaux, quatre Anspessades, quarante-six Mineurs ou Apprentifs & deux Tambours, sera payée sur le pied par jour, de six livres treize sols quatre deniers au Capitaine en premier, trois livres six sols huit deniers au Capitaine en second, cinquante sols à chaque Lieutenant en premier, quarante sols à chaque Lieutenant en second, vingt sols dix deniers à chaque Sergent, quatorze sols huit deniers à chaque Caporal, onze sols huit deniers à chaque Anspessade, dix sols huit deniers à chacun des vingt-quatre Mineurs, sept sols deux deniers à chacun des vingt-deux Apprentifs, & neuf sols huit deniers à chacun des deux Tambours.

Le Capitaine recevra de plus huit payes de gratification, à raison de sept sols deux deniers chacune, sa compagnie étant complète de soixante hommes, six à cinquante-neuf, quatre à cinquante-huit, trois à cinquante-sept, deux à cinquante-six, & aucune la compagnie étant au dessous dudit nombre de cinquante-six hommes.

Outre la solde ci-dessus réglée, il sera donné vingt-quatre deniers par jour pour chaque Sergent & chacun des Maîtres-ouvriers dans les compagnies d'Ouvriers, y compris quatre deniers d'augmentation; & douze deniers pour chaque Caporal, Anspessade, Sappeur, Canonnier, Bombardier, Mineur, Sous-maître-ouvrier, Ouvrier, Apprentif & Tambour des six Brigades, six compagnies de Mineurs, & six compagnies de Sappeurs du Corps royal de l'Artillerie, y compris deux deniers d'augmentation, qui formeront une Masse toûjours complète, sans avoir égard aux hommes qui pourroient manquer dans les compagnies, laquelle Masse demeurera entre les mains du Trésorier général du Corps royal de l'Artillerie, qui en donnera ses reconnoissances à la fin de l'année au Major ou autre Officier chargé du détail de chaque Brigade & de chacune des compagnies de Mineurs & de Sappeurs, en deux billets, séparément pour chaque Brigade & chaque compagnie de Mineurs & de Sappeurs, l'un à titre de Grosse-Masse, sur le pied de seize deniers par Sergent & Maître-ouvrier, & de huit deniers par Caporal, Anspessade, Sappeur, Canonnier, Bombardier, Mineur, Sous-maître-ouvrier, Ouvrier, Apprentif & Tambour; & l'autre, à titre de Petite-Masse, à raison de huit deniers par Sergent & Maître-ouvrier, & de quatre deniers pour chacun des autres, le payement

Masse des six bataillons du Corps royal de l'Artillerie, & des compagnies de Mineurs & de Sappeurs.

de laquelle Masse ne sera fait que sur la main-levée du Directeur général des Écoles d'Artillerie.

VII.

MILICES. LES cent cinq bataillons de Milices, levés dans les provinces du Royaume, y compris celui de la ville de Paris, & les quatre des duchés de Lorraine & de Bar, seront payés ainsi qu'il est expliqué ci-après.

Compagnies de Grenadiers. Les régimens de Grenadiers - royaux, formés des compagnies de Grenadiers & de Grenadiers - postiches desdits bataillons de Milice, sur le pied par jour, savoir, de quatre livres au Capitaine, trente-deux sols au premier Lieutenant, vingt sols au second Lieutenant, douze sols quatre deniers à chacun des deux Sergens, huit sols huit deniers à chacun des trois Caporaux, sept sols huit deniers à chacun des trois Anspessades, six sols huit deniers à chacun des quarante-un Grenadiers, & huit sols huit deniers au Tambour.

Compagnies de Grenadiers-postiches. Pour la compagnie de Grenadiers-postiches, à raison par jour, de trois livres dix sols au Capitaine, vingt-cinq sols au Lieutenant, onze sols quatre deniers à chacun des trois Sergens, sept sols huit deniers à chacun des trois Caporaux, six sols huit deniers à chacun des trois Anspessades, cinq sols huit deniers à chacun des cinquante Grenadiers-postiches, & sept sols huit deniers au Tambour.

État - major. L'État-major de chacun desdits régimens, sera payé sur le pied par jour, de douze livres au Colonel, dix livres au Lieutenant-colonel, tant pour leurs appointemens en ladite qualité, que pour leur tenir lieu de ceux de Capitaine, n'ayant point de compagnies; six livres au Major, trois livres à chacun des deux Aides-majors.

Seconds Lieutenans pour porter les drapeaux. Les deux seconds Lieutenans attachés aux deux premières compagnies de Grenadiers - postiches de chacun desdits régimens pour porter les drapeaux, seront payés à raison de vingt sols par jour à chacun.

Bataillons de Milices pour la garde des Places. Les huit compagnies de Fusiliers de chacun des cent cinq bataillons de Milices des Provinces, y compris celles du bataillon de Paris, & des quatre bataillons des duchés

de

de Lorraine & de Bar, qui composent présentement les bataillons de Milices destinés à la garde des Places, lesquelles compagnies sont actuellement de quatre-vingt-dix hommes, continueront d'être payées par jour, de trois livres cinq sols au Capitaine, vingt sols au Lieutenant, onze sols quatre deniers à chacun des deux Sergens, sept sols huit deniers à chacun des trois Caporaux, six sols huit deniers à chacun des trois Anspessades, cinq sols huit deniers à chacun des quatre-vingt-un Fusiliers, & sept sols huit deniers au Tambour. *Compagnies de Fusiliers.*

L'État-major de chacun desdits bataillons, continuera d'être payé sur le pied par jour, de cinq livres au Commandant, soit qu'il ait commission de Lieutenant-colonel ou non, n'ayant point de compagnie, & trois livres à l'Aide-major. *État-major d'un bataillon de Milice.*

Le Colonel & le Major qui servent au premier des deux bataillons de chacun des régimens de Polignac & de Montureux, des Milices des duchés de Lorraine & de Bar, continueront à recevoir en conséquence de l'ordonnance particulière du 5 mars 1750, savoir, le Colonel six livres par jour, & le Major trois livres cinq sols. *État-major des régimens des Milices de Lorraine.*

Les Commandans & Aides-majors des seconds bataillons desdits deux régimens, seront payés sur le pied réglé par la présente ordonnance, pour ceux des mêmes grades des bataillons de Milice.

Les autres Officiers & Soldats desdits régimens, seront également payés de leurs appointemens & solde, conformément à ce qui est fixé par la présente ordonnance.

A l'égard des Commandans des quinze bataillons de Milice employés dans les places de communication des armées, ils continueront de jouir des appointemens de sept livres par jour, dont quarante sols de supplément à eux réglés par l'article III de l'ordonnance du 25 mars 1758.

Entend Sa Majesté, qu'au moyen de la paye ci-dessus réglée aux Tambours, tant des compagnies de Grenadiers que de celles des Grenadiers-postiches & de Fusiliers, ils foient tenus d'entretenir leur caiffe de peaux & de cordages, & de fe fournir de baguettes.

Entend auffi Sa Majefté, qu'au moyen de cinq fols par jour d'augmentation de paye qu'Elle accorde aux Capitaines des compagnies de Fufiliers, à commencer du premier mars 1758, ils foient chargés de la confervation de l'habillement, de l'équipement & des armes des Soldats de leurs compagnies, & qu'ils foient refponfables du dégât qui en feroit fait; Sa Majefté ayant ordonné aux Commiffaires des guerres d'en faire tous les deux mois une vifite exacte en préfence des Commandans des bataillons & des Officiers du Corps Royal employés pour l'Artillerie dans les Places où feront lefdits bataillons; & que lorfqu'il fe trouvera des compagnies dont lefdits effets feront reconnus en mauvais état, ou qu'il y aura quelques réparations à y faire, le payement des appointemens des Capitaines defdites compagnies, foit fufpendu fur les ordres particuliers du Secrétaire d'État ayant le département de la guerre, jufqu'à ce que lefdites réparations aient été faites; à l'effet de quoi les Commiffaires des guerres feront tenus de joindre aux extraits de leurs revûes, des états détaillés de la fituation des effets defdits bataillons, certifiés d'eux, des Commandans des bataillons & des Officiers du Corps Royal de l'Artillerie, pour l'article qui regarde les armes, ainfi qu'il eft expliqué par l'article VII de l'ordonnance du premier novembre 1757.

Ordonne Sa Majefté que pendant tout le temps du fervice des Milices, il foit retenu fur la folde un fol quatre deniers par jour à chaque Sergent, & huit deniers à chaque Caporal, Anfpeffade, Grenadier, Grenadierpoftiche, Fufilier & Tambour, pour faire une Maffe qui fera remife entre les mains de l'Aide-major ou autre Officier chargé du détail, pour leur être délivrée & employée par les foins des Commiffaires des guerres, à leur fournir de linge & de chauffure.

Sa Majefté étant informée que plufieurs des Capitaines

des bataillons de Milices font difficulté de supporter
fur leurs appointemens la totalité de la retenue de quatre
deniers pour livre de la folde des Sergens & Soldats de
leurs compagnies, & ayant décidé que les Capitaines de
fes troupes doivent être chargés de cette retenue, Elle
ordonne qu'elle fera également fur le compte defdits
Capitaines de Milice, & en conféquence qu'il ne fera fait
aucune déduction pour raifon de ladite retenue, fur la
folde réglée aux Sergens, Caporaux, Anfpeffades, Grenadiers, Fufiliers & Tambours de fes Milices.

LES régimens des troupes Boulonnoifes, compofés
chacun de treize compagnies, feront payés pendant le
temps qu'ils ferviront dans les Places, fur le pied, favoir:

La compagnie de Grenadiers de chaque régiment,
compofée de quarante-cinq hommes, à raifon par jour,
de quatre livres fix deniers au Capitaine, trente-quatre
fols dix deniers au Lieutenant, douze fols quatre deniers
à chacun des deux Sergens, huit fols huit deniers à
chacun des trois Caporaux, fept fols huit deniers à chacun des trois Anfpeffades, fix fols huit deniers à chacun
des trente-fix Grenadiers & au Tambour, & fix fols huit
deniers pour chacune des trois payes de gratification que
le Capitaine doit recevoir, fa compagnie étant de quarante-cinq & quarante-quatre hommes; deux defdites
payes, la compagnie étant à quarante-un, quarante-deux
& quarante-trois, une feulement lorfqu'elle ne fera qu'à
quarante, & rien au deffous dudit nombre de quarante
hommes.

Chacune des douze compagnies de Fufiliers de chaque
régiment, compofée de quarante hommes, fera payée à
raifon par jour, de trois livres fix fols huit deniers au
Capitaine, vingt-deux fols dix deniers au Lieutenant, onze
fols quatre deniers à chacun des deux Sergens, fept fols
huit deniers à chacun des trois Caporaux, fix fols huit
deniers à chacun des trois Anfpeffades, & cinq fols huit
deniers à chacun des trente-un Fufiliers & au Tambour;
le Capitaine, outre l'appointement ci-deffus, recevra trois

payes de gratification de cinq fols huit deniers chacune, lorfque fa compagnie fe trouvera compofée de quarante & trente-neuf hommes, deux defdites payes lorfqu'elle fera à trente-fix, trente-fept & trente-huit hommes, une feulement à trente-cinq, & rien au deffous dudit nombre de trente-cinq hommes.

L'Enfeigne qui eft en chacune des compagnies Colonelle & Lieutenante-colonelle, fera payé fur le pied de dix-fept fols dix deniers par jour.

Les Officiers de l'État-major de chacun defdits régimens, feront payés fur le pied par jour, favoir, au Colonel une livre treize fols quatre deniers, indépendamment de fes appointemens de Capitaine; au Lieutenant-colonel quarante-cinq fols, auffi outre ce qu'il reçoit comme Capitaine; trois livres fix fols huit deniers au Major, trente-fix fols deux deniers à l'Aide-major, vingt fols au Maréchal-des-logis, & dix fols à chacun des Aumônier & Chirurgien.

Outre la folde ci-deffus réglée pour les Sergens, Caporaux, Anfpeffades, Grenadiers, Fufiliers & Tambour, qui leur fera payée fans aucune retenue, au moyen de quoi ils doivent s'entretenir de linge & de chauffure; il fera donné vingt-quatre deniers par jour pour chaque Sergent, & douze deniers pour chacun des autres, qui formeront une Maffe toûjours complète pour chaque régiment, fans avoir égard aux hommes qui pourroient manquer dans les compagnies; laquelle Maffe demeurera entre les mains du Tréforier, qui en donnera fes reconnoiffances à la fin de l'année, au Major ou autre Officier chargé du détail du régiment, en deux billets, ainfi qu'il eft expliqué à l'article de l'Infanterie françoife, pour être ladite Maffe employée à l'habillement & équipement defdits régimens, & remife, fur la main-levée de l'Infpecteur defdites troupes Boulonnoifes, à ceux qui auront fait lefdites fournitures.

LES cinquante-cinq compagnies de Milices ordinaires du Rouffillon, de Conflent & de Cerdagne, levées par

ordonnance

ordonnance du premier mai 1756, pour servir à la garde
des Places de ladite province, dont vingt compagnies à
cinquante hommes chacune, qui composent les deux
bataillons du régiment de Perpignan, à raison de dix
compagnies par bataillon, & trente-quatre compagnies
de quarante hommes, formant trois bataillons, lesquelles
compagnies sont distribuées dans plusieurs Places de ladite
province, & une compagnie de quarante hommes tenant
garnison au château de Salces, seront payées de leurs
appointemens & solde, ainsi qu'il suit, savoir :

Chacune des vingt compagnies de cinquante hommes *Compagnies à cinquante hommes.*
qui composent les deux bataillons du régiment de Per-
pignan, composée d'un Capitaine, un Lieutenant, deux
Sergens, trois Caporaux, trois Anspessades, quarante-un
Fusiliers & un Tambour, sera payée à raison par jour, de
cinquante sols au Capitaine, vingt sols au Lieutenant,
dix sols quatre deniers à chaque Sergent, sept sols huit
deniers à chaque Caporal, six sols huit deniers à chaque
Anspessade, cinq sols huit deniers à chaque Fusilier, &
sept sols deux deniers au Tambour.

Chacune des trente-cinq autres compagnies de quarante *Compagnies à quarante hommes.*
hommes, composée d'un Capitaine, un Lieutenant, deux
Sergens, trois Caporaux, trois Anspessades, trente-un
Fusiliers & un Tambour, sera payée à raison par jour,
de cinquante sols au Capitaine, vingt sols au Lieutenant,
dix sols quatre deniers à chaque Sergent, sept sols huit
deniers à chaque Caporal, six sols huit deniers à chaque
Anspessade, cinq sols huit deniers à chacun des Fusiliers,
& sept sols deux deniers au Tambour.

Au moyen de la solde ci-dessus réglée pour les Sergens, Caporaux, Anspessades, Fusiliers & Tambours
desdites compagnies, ils s'entretiendront d'habillement,
de linge & de chaussure.

L'Etat-major du régiment de Perpignan sera payé sur *Etat-major du régiment de Milice de Perpignan.*
le pied par jour, de quarante sols au Colonel, vingt sols au
Lieutenant-colonel, outre ce qu'ils reçoivent comme Capitaines; vingt sols au Commandant du second bataillon,

auſſi indépendamment de ſon traitement de Capitaine; cinquante ſols au Major, & trente ſols à l'Aide-major dudit régiment.

Commandans de bataillon, & Aides-majors.

Il ſera payé à chacun des Commandant & Aide-major de chacune deſdites troupes qui compoſent les trois bataillons, dont les compagnies ſont à quarante hommes, & diſtribuées dans pluſieurs Places de ladite province du Rouſſillon; ſavoir, à chaque Commandant vingt ſols par jour, outre ce qu'il reçoit en qualité de Capitaine, & trente ſols à chaque Aide-major.

MILICES BÉARNOISES, GRAMONTOI-SES, & des pays de NAVARRE, de LABOUR & de SOULE.

CHAQUE bataillon de Milices du Béarn, compoſé de cinq cens vingt-cinq hommes, en treize compagnies, dont une de Grenadiers de quarante-cinq hommes, & douze de Fuſiliers de quarante hommes chacune; & les compagnies de Milices Gramontoiſes, de la baſſe Navarre, & des pays de Labour & de Soule, de cinquante hommes chacune, levées par ordonnance du 13 avril 1756, recevront leurs appointemens & ſolde pendant le temps de leur ſervice dans les Places, ſur le pied, ſavoir :

Milices Béarnoiſes. Compagnies de Grenadiers à quarante-cinq hommes.

Pour chaque bataillon de Milices Béarnoiſes, la compagnie de Grenadiers de quarante-cinq hommes, compoſée d'un Capitaine, un Lieutenant, deux Sergens, trois Caporaux, trois Anſpeſſades, trente-ſix Grenadiers & un Tambour, ſera payée à raiſon par jour, de trois livres dix ſols au Capitaine, vingt-cinq ſols au Lieutenant, onze ſols quatre deniers à chaque Sergent, ſept ſols huit deniers à chaque Caporal, ſix ſols huit deniers à chaque Anſpeſſade, & cinq ſols huit deniers à chaque Grenadier & au Tambour.

Compagnies à quarante hommes.

Chacune des douze compagnies de Fuſiliers dudit bataillon, à raiſon par jour, de cinquante ſols au Capitaine, vingt ſols au Lieutenant, dix ſols quatre deniers à chacun des deux Sergens, ſept ſols huit deniers à chacun des trois Caporaux, ſix ſols huit deniers à chacun des trois Anſpeſſades, & cinq ſols huit deniers à chacun des trente-un Fuſiliers & au Tambour.

Les Officiers de l'État-major de chacun desdits bataillons, feront payés à raison par jour, de trente fols au Lieutenant-colonel, indépendamment de fes appointemens de Capitaine, & de quarante-cinq fols à l'Aide-major.

État-major de chaque bataillon.

Chacune des compagnies de Milices Gramontoifes, des pays de baffe Navarre, de Labour & de Soule, de cinquante hommes, compofée d'un Capitaine, un Lieutenant, deux Sergens, trois Caporaux, trois Anfpeffades, quarante-un Fufiliers & un Tambour, fera payée à raison par jour, de cinquante fols au Capitaine, vingt fols au Lieutenant, dix fols quatre deniers à chaque Sergent, fept fols huit deniers à chaque Caporal, fix fols huit deniers à chaque Anfpeffade, & cinq fols huit deniers à chaque Fufilier & au Tambour.

Milices Gramontoifes & des pays de Navarre, de Labour & de Soule. Compagnies à cinquante hommes.

A l'égard des Lieutenans-colonels, Aides-majors & Garçons-majors, attachés aux différentes troupes qui font compofées de plufieurs de ces compagnies de cinquante hommes, ils feront payés de leurs appointemens à raifon par jour, favoir, de trente fols au Lieutenant-colonel des compagnies de Milices Gramontoifes, outre ce qu'il reçoit comme Capitaine, & quarante-cinq fols à l'Aide-major defdites compagnies Gramontoifes; trente fols à chaque Lieutenant-colonel des troupes compofées defdites compagnies de Milices des pays de Navarre, de Labour & de Soule, outre ce qu'il reçoit comme Capitaine, & vingt-cinq fols à chaque Garçon-major.

États-majors des troupes formées des compagnies de cinquante hommes.

La compagnie de Montboiffier, qui eft dans les Ifles Sainte-Marguerite & Saint-Honorat, compofée d'un Capitaine, de deux Lieutenans, deux Sergens, un Caporal, un Anfpeffade, trente Soldats & un Tambour, fera payée fur le pied par jour, de quatorze livres trois fols quatre deniers au Capitaine, y compris onze livres cinq fols d'augmentation; trois livres trois fols quatre deniers à chacun des deux Lieutenans, y compris trente-trois fols quatre deniers d'augmentation; douze fols à chacun des deux Sergens, huit fols au Caporal, fept fols à l'Anfpeffade, fix fols à chacun des trente Soldats & au Tambour;

Compagnie de Montboiffier aux ifles Sainte-Marguerite.

& le Chapelain qui est avec ladite compagnie, recevra seize sols huit deniers par jour.

V I I I.

INVALIDES.
Compagnies détachées.

LES compagnies détachées de l'Hôtel royal des Invalides, de soixante hommes chacune, seront payées, à la réserve de celles dont il sera parlé ci-après, sur le pied par jour, de cinquante sols au Capitaine, vingt sols à chacun des cinq Lieutenans, dix sols à chacun des trois Sergens, sept sols à chacun des trois Caporaux, six sols à chacun des trois Anspessades, & cinq sols à chacun des cinquante Soldats & au Tambour : s'il se trouve des surnuméraires dans lesdites compagnies, les Commissaires des guerres les comprendront dans leurs revûes, & ils continueront d'être payés comme il a été réglé par l'ordonnance du 22 juin 1737, de cinq sols de solde par jour. Ordonne Sa Majesté que cette règle soit pareillement observée pour les Soldats surnuméraires qui se trouveront dans les compagnies détachées de bas-Officiers ci-après, de cent quarante hommes chacune, & que lesdits Soldats surnuméraires reçoivent leur solde sur le pied de sept sols chacun par jour.

Compagnies de bas-Officiers.

Les compagnies de bas-Officiers Invalides, détachées dudit Hôtel royal, de Goirand, d'Hortal, Cherier, Saint-Roman, Bruchet ci-devant Villenoy, Bruchet, l'Arzillier, Diguem, du Miny, Desaries & Toucheronde, de cent quarante hommes chacune, seront payées sur le pied par jour, de cinquante sols au Capitaine en premier, pareils cinquante sols au Capitaine en second, vingt sols à chacun des cinq Lieutenans, douze sols à chacun des six Sergens, neuf sols à chacun des six Caporaux, huit sols à chacun des six Anspessades, & sept sols à chacun des cent vingt Fusiliers & deux Tambours.

Compagnie de bas-Officiers servant à la garde du château de la Bastille.

La compagnie de bas-Officiers Invalides, de quatre-vingt-deux hommes, formée par ordonnance du 30 décembre 1749, pour servir à la garde du château de la Bastille, sera payée sur le pied par jour, de trois livres dix sols au Capitaine en premier, y compris vingt sols de supplément ;

supplément; trois livres au Capitaine en second, y compris dix sols de supplément; cinquante sols au Lieutenant chargé du détail, y compris trente sols de supplément; quarante sols à chacun des deux autres Lieutenans, y compris vingt sols de supplément; quinze sols à chacun des quatre Sergens, y compris trois sols de supplément; douze sols à chacun des quatre Caporaux, y compris trois sols de supplément; onze sols à chacun des quatre Anspessades, y compris trois sols de supplément; & dix sols à chacun des soixante-huit Fusiliers & deux Tambours, y compris aussi trois sols par jour de supplément.

La compagnie de bas-Officiers Invalides, de cent six hommes, formée par ordonnance du 23 octobre 1750, pour servir à la garde du palais des Tuileries & du château du Louvre, sera payée sur le pied par jour, de cinquante sols au Capitaine en premier, pareils cinquante sols au Capitaine en second, vingt sols au Lieutenant chargé du détail & à chacun des quatre autres Lieutenans, douze sols à chacun des six Sergens, neuf sols à chacun des six Caporaux, huit sols à chacun des six Anspessades, & sept sols à chacun des quatre-vingt-cinq Fusiliers & trois Tambours.

Compagnie de bas-Officiers Invalides servant à la garde des Tuileries & du Louvre.

La compagnie de bas-Officiers Invalides, de soixante-huit hommes, formée par ordonnances des 3 juillet 1753 & 30 décembre 1757, pour servir à la garde de l'École militaire, sera payée sur le fonds de l'Extraordinaire des guerres, à raison par jour, de cinquante sols au Capitaine en pied, pareils cinquante sols au Capitaine en second, faisant les fonctions de Lieutenant; douze sols à chacun des trois Sergens, neuf sols à chacun des trois Caporaux, huit sols à chacun des trois Anspessades, & sept sols à chacun des cinquante-sept Fusiliers & deux Tambours; outre lesquels appointemens & solde, il sera payé aux Officiers, Haute-payes, Fusiliers & Tambours, un supplément sur le pied par jour, de vingt sols au Capitaine en premier, dix sols au Capitaine en second, & de trois sols aussi par jour à chaque Sergent, Caporal, Anspessade,

Compagnie de bas-Officiers Invalides servant à la garde de l'École militaire.

H

Fuſilier & Tambour; lequel ſupplément d'appointemens & de ſolde ci-deſſus, ſera payé des fonds deſtinés à l'entretien de ladite École militaire.

Compagnie de bas-Officiers Invalides ſervant à la garde de l'Arſenal de Paris.

La compagnie de bas-Officiers Invalides, de quatre-vingt-deux hommes, formée par ordonnance du 30 mars 1757, pour ſervir à la garde de l'Arſenal de Paris, ſera payée ſur le pied par jour, de trois livres dix ſols au Capitaine en premier, trois livres au Capitaine en ſecond, cinquante ſols à celui des trois Lieutenans qui ſera chargé du détail, & quarante ſols à chacun des deux autres, quinze ſols à chacun des quatre Sergens, douze ſols à chacun des quatre Caporaux, onze ſols à chacun des quatre Anſpeſſades, & dix ſols à chacun des ſoixante-huit Fuſiliers & deux Tambours.

Compagnie de bas-Officiers Invalides ſervant à la garde du château de Vincennes.

La compagnie de bas-Officiers Invalides, de ſoixante hommes, formée par ordonnance du 5 décembre 1754, pour ſervir à la garde du château de Vincennes, ſera payée ſur le pied par jour, de trois livres dix ſols au Capitaine, y compris vingt ſols de ſupplément; cinquante ſols au Lieutenant chargé du détail, y compris trente ſols de ſupplément; quarante ſols à chacun des deux autres Lieutenans, y compris vingt ſols de ſupplément; quinze ſols à chacun des trois Sergens, y compris trois ſols de ſupplément; douze ſols à chacun des trois Caporaux, y compris trois ſols de ſupplément; onze ſols à chacun des trois Anſpeſſades, y compris trois ſols de ſupplément; & dix ſols à chacun des cinquante Fuſiliers & au Tambour, y compris auſſi trois ſols de ſupplément.

Compagnies détachées de l'Hôtel royal des Invalides, pour le ſervice de l'Artillerie dans les Places & ſur les Côtes.

Les quatre compagnies détachées de l'Hôtel royal des Invalides, formées par ordonnance du premier mars 1756, & portées à cent hommes chacune par ordonnance du 15 décembre 1758, pour être employées dans les Places & ſur les Côtes, aux différentes manœuvres de l'Artillerie, & dans leſquelles compagnies Sa Majeſté a en même temps ordonné de faire entrer tous les bas-Officiers & Soldats, qui, ayant ſervi dans les bataillons du Corps royal de l'Artillerie, ont obtenu leur retraite à l'Hôtel des Invalides, ainfi que ceux dudit Corps qui fervoient dans les compagnies détachées dudit Hôtel, feront payées à raifon par jour pour chaque compagnie, de cinquante fols au Capitaine en premier, pareils cinquante fols au Capitaine en fecond, vingt fols à chacun des trois Lieutenans, douze fols à chacun des cinq Sergens, neuf fols à chacun des cinq Caporaux, huit fols à chacun des cinq Anfpeffades, & fept fols à chacun des dix-huit plus anciens Fufiliers, fix fols fix deniers à chacun des dix-huit Fufiliers fuivans, fix fols à chacun des quarante-huit derniers Fufiliers, & fept fols au Tambour.

Entend Sa Majefté que les bas-Officiers provenant dudit Corps royal de l'Artillerie, qui fervoient en ladite qualité dans les compagnies de bas-Officiers dudit Hôtel des Invalides, & qui en ont été tirés pour entrer dans les quatre compagnies ci-deffus établies par ladite ordonnance du 5 mars 1756, y jouiffent de la même paye qu'ils avoient dans lefdites compagnies de bas-Officiers, & en outre, de fix deniers d'augmentation par jour, jufqu'à ce qu'ils aient monté dans lefdites quatre compagnies, à des grades qui leur produifent une paye plus forte que celle qu'ils avoient dans lefdites compagnies de bas-Officiers détachées dudit Hôtel des Invalides, ladite continuation d'ancienne paye & l'augmentation de fix deniers par jour, ne devant avoir lieu que pour ceux defdits bas-Officiers qui occupent dans lefdites quatre compagnies nouvelles, des places dont la paye eft inférieure à celle qu'ils avoient dans lefdites compagnies détachées de bas-Officiers. Ceux qui, ayant fervi dans ledit Corps royal de l'Artillerie, feront admis par la fuite à l'Hôtel des Invalides en qualité de bas-Officiers, feront également payés fuivant ce grade & de la manière ci-deffus expliquée en paffant dans lefdites quatre compagnies. Ordonne Sa Majefté aux Commiffaires des guerres, qui auront la police de ces quatre compagnies nouvelles, de faire mention fur leurs revûes, de ceux defdits bas-Officiers qui doivent jouir de la même paye qu'ils avoient dans les compagnies détachées de bas-Officiers, & des six deniers d'augmentation par jour, en y spécifiant le grade & la paye qu'ils y avoient, ainsi que les places qu'ils occupent dans lesdites quatre compagnies; en observant pareillement de marquer sur leurs revûes, les bas-Officiers dudit Corps royal de l'Artillerie, qui n'auront point servi dans les compagnies détachées de bas-Officiers, & qui viendront directement de l'Hôtel des Invalides pour entrer dans lesdites quatre compagnies, afin que les Trésoriers de l'Extraordinaire des guerres puissent payer lesdites compagnies sur le pied ordonné ci-dessus.

I X.

TROUPES LÉGÉRES.

RÉGIMENS des VOLONTAIRES de FLANDRE & du HAYNAULT. Composition.

LES régimens des Volontaires de Flandre, & celui des Volontaires du Haynault, portés par ordonnance particulière du 25 février 1758, à six cens hommes chacun, en huit compagnies de soixante-quinze hommes, dont quarante d'Infanterie & trente-cinq de Cavalerie, seront payés sur le pied par jour; savoir, chacune desdites compagnies de soixante-quinze hommes, à raison de six livres au Capitaine en pied ou titulaire, dont vingt sols de supplément.

Compagnie de soixante-quinze hommes, dont quarante à pied & trente-cinq à cheval.

Infanterie.

Pour la partie de l'Infanterie, cinquante-six sols huit deniers au Capitaine en second de Fusiliers, dont six sols huit deniers de supplément; quarante sols au Lieutenant, dont six sols huit deniers de supplément; onze sols quatre deniers à chacun des deux Sergens, sept sols huit deniers à chacun des trois Caporaux, six sols huit deniers à chacun des trois Anspessades, & cinq sols huit deniers à chacun des trente-un Fusiliers & au Tambour.

Cavalerie.

Et pour la partie de la Cavalerie, trois livres six sols huit deniers au Capitaine en second, dont six sols huit deniers de supplément; deux livres dix sols au Lieutenant, quarante sols au Cornette, vingt-six sols huit deniers au Maréchal-des-logis, huit sols à chacun des deux

Brigadiers,

Brigadiers, & sept sols à chacun des trente-deux Cavaliers & au Trompette ou Timbalier.

Le Capitaine titulaire recevra en outre pour sa compagnie d'Infanterie, cinq payes de gratification de cinq sols huit deniers chacune, dont deux d'augmentation sa compagnie étant complète de quarante hommes, trois à trente-neuf, une à trente-huit, & rien au dessous dudit nombre de trente-huit hommes. *Payes de gratification.*

L'État-major de chacun desdits régimens, sera payé sur le pied par jour; savoir, de seize livres treize sols quatre deniers au Colonel, dix livres au Lieutenant-colonel, lesquels ne doivent point avoir de compagnie; six livres au Major, trois livres six sols huit deniers à l'Aide-major d'Infanterie, quatre livres à l'Aide-major de Cavalerie, trente sols à l'Aumônier, & vingt sols au Chirurgien. *État-major de chacun des régimens des Volontaires de Flandre & du Haynault.*

Il sera entretenu en chacun desdits régimens un Enseigne pour porter le drapeau, lequel sera payé sur le pied par jour, de trente sols; l'étendard sera porté par un des Cornettes. *Enseigne en chaque régiment pour porter le drapeau.*

LA Légion-royale, portée par ordonnance du 10 février 1759, à dix-huit cens hommes en dix-sept compagnies, dont deux de Grenadiers de quarante-cinq hommes, douze de cent vingt-cinq hommes, dont soixante-quinze à pied, & cinquante Dragons montés, deux compagnies d'Hussards de soixante-quinze hommes, & une d'Ouvriers de soixante, sera payée, savoir; *LÉGION-ROYALE. Composition.*

Chacune des deux compagnies de Grenadiers, sur le pied par jour, de cinq livres au Capitaine, dont vingt sols de supplément, cinquante sols au Lieutenant, quarante sols au Lieutenant en second, douze sols quatre deniers à chacun des deux Sergens, huit sols huit deniers à chacun des trois Caporaux, sept sols huit deniers à chacun des trois Anspessades, six sols huit deniers à chacun des trente-six Grenadiers & au Tambour; & pareils six sols huit deniers pour chacune des cinq payes de gratification, dont deux de supplément, que le Capitaine *Compagnies de Grenadiers.* *Payes de gratification.*

recevra par jour, sa compagnie étant complète de quarante-cinq hommes, & rien au dessous dudit nombre.

Chacune des douze compagnies de cent vingt-cinq hommes, dont soixante-quinze d'Infanterie & cinquante de Dragons, sera payée à raison par jour, de six livres au Capitaine titulaire, & pour la partie de l'Infanterie, de cinquante-six sols huit deniers au Capitaine en second, dont six sols huit deniers de supplément ; quarante sols au Lieutenant, dont cinq de supplément ; trente sols au Lieutenant en second, onze sols quatre deniers à chacun des quatre Sergens, sept sols huit deniers à chacun des six Caporaux, six sols huit deniers à chacun des six Anspessades, & cinq sols huit deniers à chacun des cinquante-huit Fusiliers & au Tambour.

Le Capitaine titulaire recevra en outre neuf payes de gratification, de cinq sols huit deniers chacune pour sa compagnie d'Infanterie, lorsqu'elle sera complète de soixante-quinze hommes, six à soixante-quatorze, trois à soixante-douze & soixante-treize, deux à soixante-onze, une à soixante-dix, & rien au dessous dudit nombre de soixante-dix hommes.

Et pour la partie de Dragons, il sera payé au Capitaine en second trois livres six sols huit deniers, dont six sols huit deniers de supplément, cinquante sols au Lieutenant, dont dix sols de supplément, quarante sols au Lieutenant en second, vingt-six sols huit deniers au Maréchal-des-logis, dix sols six deniers au Fourrier établi par ordonnance du premier novembre 1758, huit sols à chacun des trois Brigadiers, & sept sols à chacun des quarante-cinq Dragons & un Tambour.

Chacune des deux compagnies d'Hussards, sera payée à raison par jour, de six livres au Capitaine, trois livres au premier Lieutenant, cinquante sols au second Lieutenant, quarante-cinq sols au Cornette, vingt-six sols huit deniers à chacun des deux Maréchaux-des-logis, douze sols au Fourrier, neuf sols à chacun des six Brigadiers, & sept sols à chacun des soixante-sept Hussards & un Trompette.

La compagnie d'Ouvriers de soixante hommes, sera payée à raison par jour, de quatre livres au Capitaine, quarante sols au Lieutenant, trente sols au Lieutenant en second, vingt-cinq sols au Sous-lieutenant, seize sols quatre deniers à chacun des trois Sergens, quatorze sols quatre deniers à chacun des trois Maîtres-ouvriers, douze sols deux deniers à chacun des trois Sous-maîtres, dix sols deux deniers à chacun des vingt-un Charpentiers, & huit sols deux deniers à chacun des trente Apprentifs, y compris le Tambour.

Le Capitaine recevra de plus six payes de gratifica- tion, de huit sols deux deniers chacune, sa compagnie étant complète de soixante hommes, trois à cinquante-neuf, une à cinquante-huit, & rien au dessous dudit nombre de cinquante-huit hommes.

Il sera payé vingt sols par jour au Charretier attaché à ladite compagnie, pour conduire le Caisson destiné à porter les outils & munitions, lequel Caisson sera attelé de trois chevaux, à chacun desquels il sera fourni une ration de fourrages.

L'État-major de la Légion-royale, sera payé sur le pied par jour, de seize livres treize sols quatre deniers au Colonel-commandant, tant pour ses appointemens en ladite qualité, que pour lui tenir lieu de ceux de Capitaine, ne devant point avoir de compagnie; laquelle fixation aura lieu à commencer du premier avril de la présente année; six livres au Major, trois livres six sols huit deniers à chacun des deux Aides-majors d'Infanterie, dont six sols huit deniers de supplément, quatre livres à chacun des deux Aides-majors de Dragons, trente sols à chacun des Aumôniers & Chirurgiens, & vingt sols à chacun des Aides-chirurgiens & Prevôt.

Entend Sa Majesté que les appointemens des Officiers mis d'augmentation dans cette Légion par ladite ordonnance du 10 février 1759, ainsi que la solde & masse des Soldats, Dragons & Hussards mis pareillement d'augmentation, ne commence à avoir lieu que du 15 février de la présente année suivant les revûes des Commissaires des guerres, & le fourrage sera fourni aux chevaux effectifs auxdites revûes.

RÉGIMENT des VOLONTAIRES du DAUPHINÉ. Composition.

LE Régiment des Volontaires du Dauphiné, porté par ordonnance du 7 avril 1758, à cinq cens soixante hommes, en huit compagnies de soixante-dix hommes chacune, dont quarante d'Infanterie, & trente Dragons montés, sera payé, savoir :

Compagnies de soixante-dix hommes, dont quarante d'Infanterie, & trente Dragons montés.

Chacune desdites compagnies de soixante-dix hommes à raison par jour, de six livres au Capitaine en pied ou titulaire, dont vingt sols de supplément.

Infanterie.

Pour la partie de l'Infanterie, cinquante-six sols huit deniers au Capitaine en second de Fusiliers, dont six sols huit deniers de supplément ; quarante sols au Lieutenant, dont six sols huit deniers de supplément ; onze sols quatre deniers à chacun des deux Sergens, sept sols huit deniers à chacun des trois Caporaux, six sols huit deniers à chacun des trois Anspessades, & cinq sols huit deniers à chacun des trente-un Fusiliers & au Tambour.

Dragons.

Et pour la partie des Dragons, trois livres six sols huit deniers au Capitaine en second, dont six sols huit deniers de supplément ; cinquante sols au Lieutenant, vingt-six sols huit deniers au Maréchal-des-logis, sept sols six deniers à chacun des deux Brigadiers, & six sols six deniers à chacun des vingt-sept Dragons & au Tambour.

Payes de gratification.

Le Capitaine titulaire recevra en outre pour sa compagnie d'Infanterie, cinq payes de gratification, de cinq sols huit deniers chacune, dont deux d'augmentation, sa compagnie étant complète de quarante hommes, trois à trente-neuf, une à trente-huit, & rien au dessous dudit nombre de trente-huit hommes.

Supplément d'appointemens aux sieurs Beringuier & Lancize.

Les sieurs Beringuier & Lancize qui ont rang de Lieutenant-colonel, & qui commandent chacun en qualité de Capitaine une des compagnies dudit régiment, continueront de recevoir, outre leurs appointemens de Capitaine, chacun trente-trois sols quatre deniers par jour, lequel

traitement

traitement leur étant personnel, n'aura point lieu pour ceux qui leur succéderont; voulant au surplus Sa Majesté que lesdits sieurs Beringuier & Lancize fassent le service de Capitaine audit régiment.

L'État-major de ce régiment sera payé sur le pied par jour; savoir, de seize livres treize sols quatre deniers au Colonel, dix livres au Lieutenant-colonel, lesquels ne doivent point avoir de compagnie; six livres au Major, trois livres six sols huit deniers à l'Aide-major, trente sols à l'Aumônier, & vingt sols au Chirurgien. *Etat-major.*

Il sera entretenu dans ledit régiment un Enseigne pour porter le drapeau, & un Cornette pour porter l'étendard, lesquels seront payées, sur le pied par jour, de trente sols à l'Enseigne, & de quarante-cinq sols au Cornette. *Enseigne & Cornette pour porter les drapeaux & étendard.*

LE régiment des Volontaires-Étrangers de Clermont-Prince, réduit par ordonnance du 15 août 1758, à douze cens hommes, dont huit cens à pied, & quatre cens à cheval, formant deux compagnies de Grenadiers de cinquante hommes, sept compagnies de Fusiliers de cent hommes, & huit compagnies de Cavalerie de cinquante hommes, sera payé, savoir: *RÉGIMENT des VOLONTAIRES ÉTRANGERS de CLERMONT-PRINCE.*

Chacune des deux compagnies de Grenadiers, sur le pied par jour, de six livres au Capitaine, trois livres au Lieutenant, trente sols au Sous-lieutenant, treize sols quatre deniers à chacun des deux Sergens, huit sols deux deniers à chacun des trois Caporaux, sept sols deux deniers à chacun des trois Anspessades, six sols huit deniers à chacun des quarante-un Grenadiers, & sept sols deux deniers au Tambour. Le Capitaine recevra de plus cinq payes de gratification de six sols huit deniers chacune, la compagnie étant complete de cinquante hommes, & rien au dessous dudit nombre. *Compagnies de Grenadiers.*

Chacune des sept compagnies de Fusiliers, sur le pied par jour, de cinq livres au Capitaine, cinquante sols au Capitaine en second, trente-trois sols quatre deniers au Lieutenant en premier, vingt-sept sols au Lieutenant en *Compagnies de Fusiliers.*

K

second, vingt-quatre sols au Sous-lieutenant, onze sols quatre deniers à chacun des quatre Sergens, douze sols deux deniers à chacun des quatre Cadets, neuf sols deux deniers au Fourrier, pareils neuf sols deux deniers au Capitaine d'armes, sept sols deux deniers à chacun des six Caporaux, six sols deux deniers à chacun des six Anspessades, sept sols deux deniers à chacun des deux Canonniers & deux Charpentiers, cinq sols huit deniers à chacun des soixante-douze Fusiliers, & sept sols deux deniers à chacun des deux Tambours. Le Capitaine recevra de plus douze payes de gratification de cinq sols huit deniers chacune, sa compagnie étant complète de cent hommes; onze à quatre-vingt-dix-neuf, dix à quatre-vingt-dix-huit, neuf à quatre-vingt-dix-sept, huit à quatre-vingt-quinze, sept à quatre-vingt-douze, & six à quatre-vingt-dix, ne devant rien toucher desdites payes de gratification, sa compagnie étant au dessous dudit nombre de quatre-vingt-dix hommes.

Compagnies de Cavalerie. Chacune des huit compagnies de Cavalerie, sur le pied par jour, de six livres au Capitaine, trois livres au Lieutenant, quarante-cinq sols au Cornette, trente sols à chacun des deux Maréchaux-des-logis, neuf sols à chacun des quatre Brigadiers, quatorze sols à chacun des deux Cadets, sept sols à chacun des quarante-trois Cavaliers, & dix sols au Trompette ou Timbalier, où il doit y en avoir.

État-major. L'État-major de ce régiment sera payé sur le pied par jour, de seize livres treize sols quatre deniers au Colonel-lieutenant, quatorze livres au Lieutenant-colonel, dix livres au Lieutenant-colonel en second, tant pour leur traitement en leurdite qualité, que pour leur tenir lieu de celui de Capitaine, ne devant point avoir de compagnie; huit livres au Major, trois livres six sols huit deniers à chacun des deux Aides-majors d'Infanterie, trois livres dix sols à chacun des deux Aides-majors de Cavalerie, trente sols à l'Aumônier, vingt sols au Chirurgien-major, trente sols au Maréchal-des-logis, quarante sols à l'Auditeur, pareils quarante fols au Prevôt, vingt fols au Greffier, & douze fols à chacun des deux Archers & à l'Exécuteur de Juflice.

Quoique l'intention de Sa Majeflé foit de fixer les appointemens des Colonels des régimens de Troupes légéres, fur le pied ci-deffus de feize livres treize fols quatre deniers par jour, à commencer du premier avril de la préfente année, Elle entend cependant que le Colonel-lieutenant du régiment des Volontaires-étrangers de Clermont - Prince, jouiffe des vingt-cinq livres par jour qui lui étoient attribuées ci-devant jufqu'au jour qu'il fera remplacé, au moyen de quoi les appointemens de fon fucceffeur feront réduits à la fomme ci-deffus de feize livres treize fols quatre deniers.

LE Régiment des Volontaires-Liégeois, créé par ordonnance du 15 août 1758, compofé de fix cens hommes, dont quatre cens à pied & deux cens à cheval, formant quatre compagnies de Fufiliers de cent hommes chacune, & un pareil nombre de compagnies de Cavalerie, de cinquante hommes, fera payé, favoir; *RÉGIMENT des VOLONTAIRES LIÉGEOIS.*

Chacune des quatre compagnies de Fufiliers, fur le pied par jour, de cinq livres au Capitaine, cinquante fols au Capitaine en fecond, trente-trois fols quatre deniers au Lieutenant en premier, vingt-fept fols au Lieutenant en fecond, vingt-quatre fols au Sous-lieutenant, onze fols quatre deniers à chacun des quatre Sergens, neuf fols deux deniers au Fourrier, pareils neuf fols deux deniers au Capitaine d'armes, fept fols deux deniers à chacun des fix Caporaux, fix fols deux deniers à chacun des fix Anfpeffades, fix fols huit deniers à chacun des dix Grenadiers, cinq fols huit deniers à chacun des foixante-dix Fufiliers, & fept fols deux deniers à chacun des deux Tambours. *Compagnies d'Infanterie.*

Le Capitaine recevra de plus, douze payes de gratification de cinq fols huit deniers chacune, fa compagnie étant complète de cent hommes ; onze à quatre-vingtdix-neuf, dix à quatre-vingt-dix-huit, neuf à quatre-vingtdix-fept, huit à quatre-vingt-quinze, fept à quatre-vingt-douze, & six à quatre-vingt-dix, & rien au deſſous dudit nombre de quatre-vingt-dix hommes.

Compagnies de Cavalerie. Chacune des quatre compagnies de Cavalerie, ſur le pied par jour, de ſix livres au Capitaine, trois livres au Lieutenant, quarante-cinq ſols au Cornette, trente ſols à chacun des deux Maréchaux-des-logis, neuf ſols à chacun des quatre Brigadiers, ſept ſols à chacun des quarante-cinq Cavaliers, & dix ſols au Trompette ou Timbalier.

État major. L'État-major de ce régiment ſera payé ſur le pied par jour, de ſeize livres treize ſols quatre deniers au Colonel, dix livres au Lieutenant-colonel, tant pour leurs appointemens en ladite qualité, qu'en celle de Capitaine, ne devant point avoir de compagnie, huit livres au Major, trois livres dix ſols à l'Aide-major de Cavalerie, trois livres ſix ſols huit deniers à celui d'Infanterie, trente ſols à l'Aumônier, & vingt ſols au Chirurgien.

RÉGIMENT des VOLONTAIRES ÉTRANGERS de VIGNOLLES. Le Régiment des Volontaires-Étrangers, commandé par le ſieur de Vignolles, formé en conſéquence de l'ordonnance du 27 janvier 1759, des ſecond & troiſième bataillons des Volontaires-Étrangers, & compoſé, à commencer du premier mars 1759, d'un ſeul bataillon de ſept cens hommes, en dix-ſept compagnies, dont une de Grenadiers de ſoixante hommes, & ſeize de Fuſiliers de quarante, ſera payé ſur le pied de ſon ancienne compoſition juſqu'au dernier février 1759, & à commencer du premier mars ſuivant, jour de ſa nouvelle compoſition, ſur celui ci-après, ſavoir,

Compagnie de Grenadiers. La compagnie de Grenadiers, compoſée d'un Capitaine, un Lieutenant, un Lieutenant en ſecond, trois Sergens, trois Caporaux, trois Anſpeſſades, quarante-neuf Grenadiers, un Fifre & un Tambour, à raiſon de cent livres par mois au Capitaine, ſoixante-ſix livres au Lieutenant, cinquante livres au Lieutenant en ſecond, & de treize livres par homme auſſi par mois.

Le Capitaine recevra de plus neuf payes de gratification de treize livres chacune, ſa compagnie devant toûjours être complète au nombre de ſoixante.

Chaque

Chaque compagnie de Fuſiliers, compoſée d'un *Compagnies de Fuſiliers.*
Capitaine, un Lieutenant, un Lieutenant en ſecond,
deux Sergens, trois Caporaux, trois Anſpeſſades, un
Tambour, un Fifre, & trente Fuſiliers, ſera payée par
mois, à raiſon de quatre-vingt-dix livres au Capitaine,
ſoixante livres au Lieutenant, cinquante livres au Lieutenant en ſecond, & de treize livres par homme auſſi
par mois.

Le Capitaine recevra de plus ſix payes de gratification de treize livres chacune, ſa compagnie étant complète à quarante hommes, quatre à trente-huit, deux à
trente-ſix, & rien au deſſous dudit nombre de trente-ſix
hommes.

Veut Sa Majeſté, qu'au moyen du traitement ci-deſſus,
chaque Capitaine ſoit tenu d'entretenir ſa troupe d'habillement, d'équipement & d'armement ; de payer la
ſolde de ſa compagnie, y compris les Sergens, Haute-
payes & Grenadiers, ſans aucune retenue, ſous quelque
prétexte que ce ſoit, & de la maintenir au nombre
d'hommes auquel elle eſt fixée.

L'État-major ſera payé à raiſon par mois de cinq cens *État-major.*
livres au Colonel, trois cens livres au Lieutenant-colonel,
pareilles trois cens livres au Lieutenant-colonel en ſecond,
leſquels ne doivent point avoir de compagnie, deux
cens quarante livres au Major, cent livres à l'Aide-major,
quatre-vingt-dix livres au Sous-aide-major, quarante-cinq
livres à l'Aumônier, & cinquante livres au Chirurgien.

Les Officiers qui, par la nouvelle formation de ce *Officiers réformés.*
régiment, ſe ſont trouvés d'excédans, & que Sa Majeſté
a bien voulu entretenir à la ſuite dudit régiment en
qualité d'Officiers réformés, chacun ſuivant leur grade,
feront payés ſur le pied de cinq cens livres par an à
chaque Capitaine, trois cens livres à chaque Lieutenant,
& deux cens livres à chaque Lieutenant en ſecond.

LE régiment Royal-Cantabres, compoſé par ordon- *RÉGIMENT ROYAL-CANTABRES.*
nance du 13 janvier 1759, d'un bataillon de ſix cens
quatre hommes, en neuf compagnies, dont une de

Grenadiers de cinquante-six hommes, & huit de Fusiliers de soixante-huit hommes chacune, sera payé sur le pied, par jour, savoir;

Compagnies de Grenadiers. La compagnie de Grenadiers, de six livres au Capitaine, quarante sols au Lieutenant, trente-trois sols quatre deniers au Lieutenant en second, douze sols quatre deniers à chacun des deux Sergens, onze sols deux deniers au Fourrier, dix sols deux deniers au Capitaine d'armes, huit sols huit deniers à chacun des quatre Caporaux, sept sols huit deniers à chacun des quatre Anspessades, & six sols huit deniers à chacun des quarante-trois Grenadiers & un Tambour.

Le Capitaine recevra de plus six payes de gratification de six sols huit deniers chacune, sa compagnie devant être toûjours complète, en exécution de l'ordonnance du 22 octobre 1758.

Compagnies de soixante-huit hommes. Chaque compagnie de soixante-huit hommes, à raison de cinq livres au Capitaine en pied, dont trente-trois sols quatre deniers de supplément; quarante sols au Lieutenant, dont cinq sols de supplément; trente-trois sols quatre deniers au Lieutenant en second, dont trois sols quatre deniers de supplément; onze sols quatre deniers à chacun des trois Sergens, dix sols deux deniers au Fourrier, neuf sols deux deniers au Capitaine d'armes, sept sols deux deniers à chacun des quatre Caporaux, six sols huit deniers à chacun des quatre Anspessades, & cinq sols huit deniers à chacun des cinquante-quatre Fusiliers & un Tambour.

Payes de gratification. Le Capitaine, outre ses appointemens, recevra sept payes de gratification de cinq sols huit deniers chacune, sa compagnie étant complète de soixante-huit hommes, cinq à soixante-six, trois à soixante-quatre, une à soixante-deux, & rien au dessous dudit nombre de soixante-deux hommes.

Les quatre Capitaines en second, qui, par la nouvelle composition de ce régiment, se sont trouvés d'excédant, seront employés en leurdite qualité aux quatre premières

compagnies de Fusiliers, & seront payés de leurs appointemens, sur le pied de cinquante-six sols huit deniers par
jour, jusqu'à ce qu'ils soient pourvûs de compagnies.

L'État-major de ce régiment, sera payé sur le pied *État-major.*
par jour, de seize livres treize sols quatre deniers au Colonel-
lieutenant, dix livres au Lieutenant-colonel qui n'auront
plus de compagnie, six livres au Major, trois livres six sols
huit deniers à l'Aide-major, y compris six sols huit deniers
de supplément; trente sols à l'Aumônier, vingt sols au
Chirurgien, & douze sols à chacun des quatre Tambourins.

Le Corps des Chasseurs de Fischer, composé de douze *Corps des*
cens hommes, en conséquence de l'ordonnance du 8 *Chasseurs*
juillet 1757, en seize compagnies, dont huit d'Infanterie *de Fischer.*
de soixante-quinze hommes chacune, & huit de Cavalerie *Composition.*
de même nombre, sera payé sur le pied par jour, savoir;

Chacune des compagnies d'Infanterie de soixante- *Compagnies*
quinze hommes, à raison de cinquante-six sols huit de- *d'Infanterie de*
niers au Capitaine en second, dont six sols huit deniers *soixante-quinze*
de supplément; quarante sols au premier Lieutenant, *hommes.*
dont cinq sols de supplément; trente-trois sols quatre deniers au second Lieutenant, dont trois sols quatre deniers
de supplément; vingt sols à chacun des quatre Sergens,
seize sols à chacun des six Caporaux, quatorze sols à
chacun des six Anspessades & des six Grenadiers, & dix
sols à chacun des cinquante-trois Chasseurs.

Chacune des compagnies de Cavalerie, de soixante- *Compagnies*
quinze hommes, à raison de quatre livres au premier *de Cavalerie de*
Capitaine en second, dont treize sols quatre deniers de *soixante-quinze*
supplément; cinquante-six sols huit deniers au second *hommes.*
Capitaine en second, dont six sols huit deniers de supplément; cinquante sols au premier Lieutenant, dont
cinq sols de supplément, quarante sols au second Lieutenant, vingt-six sols huit deniers à chacun des deux
Maréchaux-des-logis, seize sols à chacun des six Brigadiers, & dix sols à chacun des soixante-neuf Chasseurs.

L'État-major dudit Corps, sera payé sur le pied par *État-major.*
jour, savoir; de quinze livres au sieur Fischer, tant en sa

qualité de Commandant, que de Capitaine en premier des compagnies à pied & à cheval ; dix livres au Lieutenant-colonel, six livres au Major, trois livres six sols huit deniers à chacun des deux Aides-majors, trente sols à l'Aumônier, vingt sols au Chirurgien, & pareils vingt sols au Prevôt.

Surnuméraires. Les Surnuméraires que Sa Majesté a autorisé le sieur Fischer d'admettre dans ledit Corps, par son ordonnance particulière du 15 août 1757, continueront d'être payés de leur solde sur le pied de dix sols chacun par jour, suivant les revûes des Commissaires des guerres, en observant de ne point excéder le nombre de huit cens hommes fixé par ladite ordonnance, sans aucune haute-paye ni autre dépense pour Sa Majesté, tant qu'Elle jugera à propos de laisser subsister lesdits Surnuméraires au-delà des douze cens hommes à quoi Elle a fixé ledit Corps par son ordonnance du 8 juillet 1757.

Entend Sa Majesté qu'au moyen du traitement ci-dessus, le sieur Fischer sera chargé de l'habillement, armement, équipement & entretien desdits Chasseurs, tant à pied qu'à cheval.

Régiment des Volontaires d'Alsace, ci-devant Béyerlé. Composition. Compagnies de soixante-dix hommes, dont quarante d'Infanterie & trente Dragons.

LE régiment des Volontaires d'Alsace, composé de quatre cens vingt hommes, en conséquence de l'ordonnance du premier février 1758, en six compagnies de soixante-dix hommes chacune, dont quarante d'Infanterie & trente Dragons, sera payé sur le pied, savoir ;

Infanterie. Payes de gratification. Chaque compagnie, à raison de six livres par jour au Capitâine en pied ou titulaire, dont vingt sols de supplément : Pour la partie de l'Infanterie, de trois livres au Capitaine en second, quarante sols au Lieutenant ; & le Capitaine titulaire recevra pour la solde de quarante hommes à pied, treize livres par mois ; & pareilles treize livres, aussi par mois, pour chacune des cinq payes de gratification, dont une de supplément, sa compagnie étant complète de quarante hommes, trois à trente-neuf, deux à trente-huit, & rien au dessous dudit nombre de trente-huit hommes.

Il sera

Il sera payé au Capitaine en second de Dragons, trois *Dragons.* livres dix sols par jour, cinquante sols au Lieutenant, vingt-six sols huit deniers au Maréchal-des-logis, neuf sols à chacun des deux Brigadiers, & sept sols à chacun des vingt-sept Dragons & au Tambour ou Trompette.

L'État-major de ce régiment, sera payé sur le pied *État-major.* par jour, savoir; de seize livres treize sols quatre deniers au Colonel, de dix livres au Lieutenant-colonel, tant pour leurs appointemens en ladite qualité, que pour leur tenir lieu de ceux de Capitaine; six livres au Major, trois livres dix sols à l'Aide-major, trente sols à l'Aumônier, & vingt sols au Chirurgien.

Il sera de plus entretenu un Enseigne & un Cornette *Enseigne & Cornette pour porter le drapeau & l'étendard.* audit régiment, pour porter le drapeau & l'étendard, & il sera payé trente sols par jour d'appointemens à l'Enseigne, & quarante sols au Cornette.

Le Corps des Fusiliers de Montagne, composé de *FUSILIERS de MONTAGNE.* cent vingt hommes, en trois compagnies de quarante hommes chacune, sera payé, savoir;

Chaque compagnie sur le pied par jour, de quatre *Compagnies.* livres au Capitaine en premier, dont vingt sols de supplément; trois livres au Capitaine en second, dont dix sols de supplément; trente-trois sols quatre deniers au Lieutenant, y compris trois sols quatre deniers de supplément; quinze sols à chacun des trois Brigadiers, onze sols à chacun des trois Sous-brigadiers, & neuf sols à chacun des trente-trois Fusiliers & au Tambour.

Il sera retenu pour l'habillement, armement & équipement desdites trois compagnies, quatre sols par jour sur la solde de chaque Brigadier, trois sols sur celle de chaque Sous-brigadier, & deux sols sur celle de chaque Fusilier & Tambour : Mais comme cette retenue ne peut avoir lieu sur la solde que pour le nombre d'hommes dont les compagnies se trouveront composées aux revûes des Commissaires des guerres, ce qui opéreroit un vuide au Capitaine dans les fonds destinés aux réparations de sa troupe; & Sa Majesté voulant y suppléer, Elle veut bien prendre sur son compte les deux sols affectés à l'habillement, équipement & armement de chacun des Fusiliers qui manqueront aux revûes, afin que cela compose une somme toûjours égale, sans avoir égard aux hommes qui pourroient manquer dans les compagnies, pour composer à la fin de l'année une Masse complète sur le pied ci-dessus, laquelle demeurera entre les mains du Trésorier général de l'Extraordinaire des guerres, pour être payée sur la main-levée d'un Inspecteur d'Infanterie ; au moyen de quoi, chaque Capitaine sera chargé de l'entretien général de sa troupe.

Etat-major. L'État-major dudit Corps de Fusiliers de Montagne, sera payé à raison par jour, de six livres treize sols quatre deniers au Commandant, dont trente-trois sols quatre deniers de supplément, tant pour ses appointemens en ladite qualité, que pour lui tenir lieu de ceux de Capitaine, ne devant être attaché à aucune compagnie ; & trois livres six sols huit deniers à l'Aide-major, y compris seize sols huit deniers de supplément.

COMPAGNIE de FUSILIERS-GUIDES. LA compagnie de Fusiliers-guides, créée par ordonnance du 26 décembre 1756, composée de vingt-cinq hommes, dont treize à pied & douze à cheval, sera payée à raison par jour, de quatre livres au Capitaine, vingt-sept sols huit deniers au Lieutenant, vingt sols au Lieutenant en second, treize sols quatre deniers à chacun des deux Sergens, dont un à cheval ; dix sols huit deniers à chacun des deux Caporaux, dont un à cheval ; huit sols huit deniers à l'Anspessade, & six sols huit deniers à chacun des vingt Fusiliers-guides, dont dix à *Payes de* cheval. Le Capitaine recevra de plus deux payes de *gratification.* gratification de six sols huit deniers chacune, la compagnie étant complète de vingt-cinq hommes.

MASSE des Troupes légères. Outre la solde ci-dessus réglée pour les régimens des Volontaires de Flandre & du Haynault, le corps des Volontaires-royaux, les régimens des Volontaires du Dauphiné & de Royal-Cantabres, les troupes à cheval du régiment des Volontaires d'Alsace, & la compagnie de Fusiliers-guides, il sera payé vingt-quatre deniers par jour pour chaque Sergent & Maître-ouvrier, dont quatre deniers d'augmentation, & douze deniers, dont deux d'augmentation, pour chaque Caporal, Anspessade, Grenadier, Fusilier, Ouvrier, Brigadier, Sous-brigadier, Volontaire, Cavalier, Dragon, Fusilier-guide à pied ou à cheval, Trompette, Timbalier & Tambour, pour former une Masse toûjours complète par année, laquelle restera entre les mains du Trésorier général de l'Extra-ordinaire des guerres, pour être délivrée & employée, comme il est réglé à l'article de la Masse de l'Infanterie françoise; Sa Majesté voulant que ladite Masse ait lieu au complet, ainsi qu'elle est fixée ci-dessus, pour tous lesdits Corps.

Sa Majesté ayant bien voulu accorder, à commencer du premier janvier 1758, des gratifications attachées aux charges, aux Lieutenans-colonels, Majors & Aides-majors de plusieurs desdits régimens de Troupes légères, ils en seront payés suivant les ordres particuliers qu'Elle en sera expédier chaque année. *Gratifications attachées aux charges.*

Entend Sa Majesté, que sur la paye des Sergens, Caporaux, Anspessades, Grenadiers, Fusiliers & Tambours, il en soit affecté à l'entretien du linge & chaussure, savoir; seize deniers pour chaque Sergent, dont quatre deniers de supplément; & huit deniers aussi par jour, dont deux deniers de supplément, pour chaque Caporal, Anspessade, Grenadier, Fusilier & Tambour, tant des troupes d'Infanterie françoise & de la Milice, que des troupes légères.

X.

INFANTERIE SUISSE et GRISONNE.

Les cent trente-deux compagnies des onze régimens Suisses & Grisons, y compris celui d'Eptingen, créé par ordonnance du 25 février 1758, formant vingt-deux bataillons, chaque bataillon de six compagnies, à cent vingt hommes, les Officiers compris, seront payées sur *Suisses & Grisons. Appointemens & Solde.*

le pied de seize livres par mois pour chaque homme &
pour chacune des quarante payes de gratification, y
compris cinq payes de premier supplément, accordées par
Payes de gratification. l'ordonnance du 6 décembre 1749; & huit payes de
second supplément, lesquelles quarante payes de gratification seront données au Capitaine de chaque compagnie, à tel nombre d'hommes qu'elle passe aux revûes
des Commissaires des guerres.

Au moyen du traitement ci-dessus, chaque Capitaine
doit avoir & entretenir dans sa compagnie, un Capitaine-
lieutenant à cent vingt livres par mois, y compris vingt
livres de supplément; un Lieutenant à quatre-vingt-dix
livres, y compris quinze livres de supplément; un Sous-
lieutenant à soixante livres, y compris dix livres de supplément; un Enseigne à cinquante livres, y compris trois
livres de supplément; deux Sergens à vingt-cinq livres
chacun, un autre Sergent & un Fourrier à vingt livres
chacun, un Porte-enseigne & un Capitaine d'armes à
dix-huit livres chacun, un Prevôt à quinze livres,
quatre Caporaux, quatre Anspessades & cent Fusiliers,
y compris les Tambours & Fifre: Voulant au surplus Sa
Majesté, que dans les compagnies dont les Capitaines
ne servent point au Corps, le Capitaine-commandant
reçoive cent trente livres par mois.

A l'égard des compagnies qui sont composées de
deux demi-compagnies, Sa Majesté trouve bon que
les Capitaines dont les compagnies seront ainsi cou-
plées, y servent alternativement pendant un an, & que
celui des deux qui pourra s'absenter, soit payé comme
présent.

Sa Majesté veut bien aussi que les Capitaines commandant les compagnies dont les Capitaines servent à
d'autres emplois, s'absentent alternativement; mais Elle
ordonne que pendant l'année de leur absence, ils ne
reçoivent que cinquante livres par mois, au lieu de cent
trente livres qu'ils ont pendant l'année de leur service.

État-major. L'État-major de chacun desdits régimens Suisses &
Grisons,

Grisons, sera payé sur le pied de mille livres par mois dans le lieu où la compagnie Colonelle se trouvera.

S'il arrive qu'un Officier des compagnies des régimens Suisses & Grisons, s'absente sans congé, ou qu'il outre-passe celui qui lui aura été accordé, il sera retenu sur la solde de ladite compagnie, indépendamment de la paye personnelle de l'Officier, huit payes par mois pour l'ab-sence du Capitaine titulaire, Capitaine-commandant & Capitaine-lieutenant; six payes pour celle du Lieutenant, quatre pour celle du Sous-lieutenant, & trois pour celle de l'Enseigne, pendant le temps que l'absence de l'Officier aura duré.

Retenue pour l'absence des Officiers Suisses & Grisons.

Sa Majesté ayant jugé à propos, pour le bien de son service, de mettre par son ordonnance du premier avril 1756, les dix anciens régimens Suisses & Grisons à deux bataillons de six compagnies, au lieu de trois bataillons de quatre compagnies, dont ils étoient chacun composés; son intention est que les Officiers qui commandoient les troisièmes bataillons desdits régimens Suisses & Grisons, conservent les prérogatives qui étoient attachées à leur emploi, tant qu'ils ne se trouveront pas pourvûs d'un grade supérieur.

Anciens Commandans des troisièmes bataillons.

A l'égard des régimens Suisses & Grisons qui servent dans les armées, auxquels Sa Majesté a bien voulu accorder la paye de guerre, en conséquence des ordonnances parti-culières qu'Elle a fait expédier à ce sujet, son intention est que cette paye leur soit continuée jusqu'à ce qu'Elle en ordonne autrement, sur le pied de dix-sept livres huit sols par homme, par mois, pour les cent vingt hommes dont chaque compagnie est composée, y compris les Officiers, & des quarante payes de gratification attribuées au Capitaine, à tel nombre que sa compagnie passe aux revûes des Commissaires des guerres, au lieu de seize livres qu'ils ont en temps de paix, en entretenant les mêmes Officiers par compagnie, aux appointemens ci-dessus expliqués; & l'État-major de chacun desdits régi-mens, qui sont à la solde de guerre, sera payé à raison

Paye de guerre aux régimens Suisses & Gri-sons qui servent dans les armées.

de dix-neuf cens soixante livres huit sols par mois, au lieu de mille livres qu'il reçoit sur le pied de paix

Les gratifications attachées aux charges, que Sa Majesté a bien voulu accorder en augmentation de traitement au Lieutenant-colonel commandant de bataillon, Capitaine commandant les compagnies au lieu & place des Titulaires, & aux Aides-majors de chacun des régimens Suisses & Grisons, feront payées suivant les ordres particuliers que Sa Majesté en fera expédier tous les ans, à raison de quatre cens livres d'augmentation à chaque Lieutenant-colonel à celle de six cens livres dont il jouissoit, pour lui faire mille livres; six cens livres à chaque Commandant de bataillon, quatre cens livres à chaque Capitaine-commandant, & deux cens livres à chaque Aide-major.

X I.

INFANTERIE ÉTRANGÉRE.

LES régimens d'Infanterie Allemande, savoir; celui d'Alsace, composé de trois bataillons; ceux d'Anhalt, la Marck, Royal-Suédois, Royal-Bavière & Lowendal, de deux bataillons; ceux de Bergh, la Dauphine, Saint-Germain, & Royal-Pologne, d'un bataillon; le régiment de Boüillon, de deux bataillons, créé sur le pied étranger; & ceux de Vierzet & d'Horion, d'Infanterie Liégeoise, aussi de deux bataillons : chaque bataillon de tous ces régimens, composés de huit compagnies de quatre-vingt-cinq hommes, les Officiers non compris, feront payés sur le pied de treize livres par mois pour chaque homme, & pour les payes de gratification qui leur font réglées.

Chacune des huit compagnies de chaque bataillon desdits régimens, commandée par un Capitaine, un Capitaine en second, un premier Lieutenant, un second Lieutenant, & un Lieutenant en second qui, dans les deux premières compagnies de chaque bataillon tiendra lieu d'Enseigne pour porter les drapeaux, sera payée par mois, savoir;

A chacun des Capitaines des deux premières compagnies des bataillons colonels, autres que celles des Colonels & Lieutenans - colonels, sur le pied de cent cinquante livres par mois, y compris soixante livres d'augmentation.

A chacun des deux Capitaines des deux compagnies qui suivent par leur rang, la somme de cent quarante livres, y compris cinquante livres d'augmentation.

Et à chacun des Capitaines des quatre autres compagnies, y compris celles des Colonels & Lieutenans-Colonels, à raison de cent trente livres par mois, dont quarante livres d'augmentation.

A l'égard des seconds bataillons des régimens qui en ont deux, & du troisième du régiment d'Alsace, chacun des Capitaines des deux premières compagnies, y compris le Commandant de bataillon, recevront cent cinquante livres d'appointemens par mois, dont soixante livres d'augmentation.

Chacun des deux Capitaines des deux compagnies qui suivent par leur rang, la somme de cent quarante livres, y compris cinquante livres d'augmentation.

Et chacun des Capitaines en pied des quatre autres compagnies, recevront cent trente livres par mois, dont quarante livres d'augmentation.

Quant aux autres Officiers desdites compagnies, ils seront payés sur le pied par mois, savoir; de cent vingt livres au Capitaine en second, y compris trente livres de supplément; de soixante-quinze livres au premier Lieutenant, y compris quinze livres de supplément; de soixante livres au second Lieutenant, y compris neuf livres de supplément; & de cinquante livres au Lieutenant en second, y compris deux livres de supplément.

Entend Sa Majesté qu'au moyen des treize livres par mois que le Capitaine recevra pour chacun des quatre-vingt - cinq hommes dont sa compagnie est composée, il entretiendra & payera un premier Sergent à treize sols par jour, deux autres à douze sols chacun, un Fourrier

& un Capitaine d'armes à neuf sols chacun, un Fourrier-schutz à huit sols, trois Caporaux, un Charpentier de profession, & deux Tambours à sept sols, six Anspessades & six Grenadiers à six sols chacun, & soixante-un Fusiliers à cinq sols six deniers chacun.

Veut Sa Majesté que les Capitaines des régimens ci-dessus dénommés, reçoivent chacun, indépendamment de leurs appointemens, treize payes de gratification de treize livres chacune par mois, dont deux de supplément, leur compagnie étant complète de quâtre-vingt-cinq hommes aux revûes qui en seront faites par les Commissaires des guerres; neuf à quatre-vingt-trois, sept à quatre-vingt-un, cinq à quatre-vingt, & rien au dessous dudit nombre de quatre-vingts hommes.

L'État-major de chacun des régimens Allemands d'Alsace, d'Anhalt, la Marck, Royal-Suédois, Royal-Bavière & Lowendal, sera payé sur le pied par mois, de mille livres au Colonel, cent soixante livres au Lieutenant-colonel, indépendamment de leurs appointemens de Capitaine; trois cens livres au Major, cent livres à l'Interprète, cent vingt livres à l'Aide-major, dont trente livres de supplément, lequel ne pourra y avoir d'autre charge; quarante-cinq livres à l'Aumônier, cinquante livres à chacun des Chirurgiens & Auditeur, quarante livres au Prevôt, vingt livres à chacun des Greffier & Tambour-major, & dix-huit livres à chacun des deux Archers & à l'Exécuteur de justice, soixante livres à chacun des Commandans des second & troisième bataillons, outre ce qu'il reçoit comme Capitaine, & cent vingt livres à chaque Aide-major desdits bataillons, dont trente livres de supplément.

L'État-major de chacun des régimens de Bergh, la Dauphine, Saint-Germain, Royal-Pologne, du régiment de Boüillon, & de ceux de Vierzet & d'Horion, sera payé sur le pied par mois, de cinq cens soixante livres au Colonel (à l'exception de celui du régiment de Boüillon, qui ne recevra que trois cens soixante livres)

tant

tant pour lui, indépendamment de son traitement de Capitaine, que pour l'entretien de l'Aumônier, du Chirurgien, de l'Auditeur, du Prevôt, du Greffier, du Tambour-major, des deux Archers & de l'Exécuteur de justice; de deux cens livres au Colonel en second du régiment de Boüillon, qui n'aura point de compagnie; de cent cinquante livres, aussi par mois, au Lieutenant-colonel de chacun desdits régimens, outre son traitement de Capitaine; deux cens cinquante livres au Major, dont cinquante livres de supplément; & cent vingt livres à l'Aide-major, dont trente livres de supplément; de cent livres à chaque Interprète : A l'égard des Commandans des seconds bataillons des régimens de Boüillon, de Vierzet & d'Horion, ainsi que des Aides-majors, ils recevront, savoir; le Commandant de bataillon soixante livres, & l'Aide-major cent vingt livres, y compris trente livres de supplément.

LE régiment d'Infanterie Allemande du Prince Louis de Nassau, composé de deux bataillons, au moyen de la réunion des deux régimens de Nassau, qui s'est faite en conséquence de l'ordonnance du 20 mars 1758, sera payé sur le pied ci-dessus réglé pour les autres régimens d'Infanterie Allemande, en observant cependant que Sa Majesté ayant conservé au sieur de Klinsport, ci-devant Lieutenant-colonel du régiment de Nassau-Wsingen, les appointemens attachés à ce grade en qualité de Lieutenant-colonel en second, commandant le second bataillon de ce régiment; son intention est que ce soit les deux Capitaines des deux premières compagnies qui suivent celle du sieur de Klinsport, qui jouissent des cent cinquante livres réglées aux deux premiers Capitaines des seconds bataillons, y compris celle du Commandant, & que ledit sieur de Klinsport ne soit payé en ladite qualité de Capitaine, que sur le pied de cent trente livres, comme les quatre derniers Capitaines.

L'État-major du régiment du Prince Louis de Nassau, sera payé par mois, sur le pied de mille livres au

O

Colonel, cent soixante livres au Lieutenant-colonel, pareille somme de cent soixante livres au sieur de Klinsport, Lieutenant-colonel en second, indépendamment de leurs appointemens de Capitaines ; & lorsque ledit sieur de Klinsport deviendra Lieutenant-colonel titulaire, ou que sa place sera vacante, de quelque manière que ce soit, le titre de Lieutenant-colonel en second sera supprimé, & l'Officier qui sera nommé au commandement du second bataillon pour le remplacer, jouira du même traitement des autres Commandans de bataillons d'Infanterie Allemande. Il sera payé aussi par mois trois cens livres au Major, cent vingt livres à chaque Aide-major des premier & second bataillons, cent livres à chacun des deux Interprètes conservés dans ce régiment, quarante-cinq livres à l'Aumônier, cinquante livres à chacun des Chirurgien & Auditeur, quarante livres au Prevôt, vingt livres à chacun des Greffier & Tambour-major, & dix-huit livres à chacun des deux Archers & à l'Exécuteur de justice.

Paye de guerre aux régimens Allemands qui servent dans les armées.

L'intention de Sa Majesté est que les régimens d'Infanterie allemande qui servent dans ses armées, auxquels Elle a bien voulu accorder la paye de guerre, en conséquence des ordonnances particulières qu'Elle a fait expédier à ce sujet, continuent à recevoir cette paye, jusqu'à ce que Sa Majesté en ordonne autrement, sur le pied de quatorze livres dix sols par homme par mois, pour les quatre-vingt-cinq hommes dont chaque compagnie est composée, & des treize payes de gratification attribuées au Capitaine, au lieu de treize livres qu'ils reçoivent par mois, sur le pied de paix : A l'égard des États-majors desdits régimens, ils continueront d'être payés sur le même pied réglé ci-dessus.

Retenue à titre de Masse sur la Solde des compagnies.

Sa Majesté ayant établi par son ordonnance du 30 décembre 1751, une retenue de trois livres par homme par mois, à titre de Masse, sur la paye de treize livres qu'Elle accorde en temps de paix aux régimens d'Infanterie allemande, & à ceux de Boüillon, Vierzet &

d'Horion, à l'exception des payes de gratification que le Capitaine doit toucher en entier & sans aucune déduction; laquelle retenue doit être faite sur le pied du complet de chaque compagnie, à tel nombre d'hommes qu'elles passent aux revûes des Commissaires des guerres, & être employée sur la main-levée qui en sera donnée par les Inspecteurs, au payement de l'habillement, l'équipement, l'armement & la petite monture, son intention est que cette retenue continue d'avoir son exécution sur ce pied pour les régimens qui sont à la paye de paix.

A l'égard des régimens qui jouissent présentement de la paye de guerre, & de ceux qui en jouiront par la suite, Sa Majesté veut & ordonne que la retenue de la Masse soit portée à quatre livres dix sols par homme par mois, sur le pied du complet de chaque compagnie, à tel nombre qu'elles passent aux revûes des Commissaires des guerres, excepté les payes de gratification que le Capitaine doit toucher sur le pied de quatorze livres dix sols, sans aucune déduction; & que l'emploi de cette retenue soit affecté au payement de l'habillement, l'équipement, l'armement & la petite monture, ainsi qu'il est réglé par ladite ordonnance du 30 décembre 1751; & que dans le cas où il se trouvera de l'excédant, la remise en soit faite à chaque Capitaine, sur la main-levée de l'Inspecteur.

Les Officiers qui commandoient les bataillons ré-formés par les réductions ordonnées dans les régimens d'Infanterie allemande, les 10 & 28 décembre 1748, & premier février 1749, & qui ont passé avec leur compagnie dans les bataillons restés sur pied, en conservant le titre & le rang de Commandant de bataillon, conti-nueront de jouir, indépendamment de leur traitement de Capitaine, des mêmes appointemens de soixante livres chacun par mois, qu'ils avoient en ladite qualité de Com-mandant de bataillon, jusqu'à ce qu'ils soient remplacés.

Les Officiers réformés entretenus à la suite desdits ré-gimens, y seront payés sur le pied par mois, de cent livres au Colonel, quatre-vingt-trois livres six sols huit deniers au Lieutenant-colonel, & cinquante livres au Capitaine; à l'exception cependant des Colonels & Lieutenans-colonels, auxquels il auroit été réglé des appointemens différens, dont ils continueront de jouir, en conséquence des ordres particuliers qui leur ont été expédiés.

Officiers réformés entretenus dans les Places, & qui composent les brigades.

Les Officiers réformés qui sont entretenus dans les Places, ou qui composent les brigades desdits régimens Allemands, continueront de jouir, en conséquence de l'ordonnance du premier mai 1737 & de l'état y joint, savoir; les Capitaines de la première classe, de quatre-vingt-dix livres par mois, ceux de la seconde de soixante livres, ceux de la troisième de cinquante livres, & ceux de la quatrième de trente-sept livres dix sols; & les Lieutenans de la première classe de quarante-huit livres, ceux de la seconde de trente livres, & ceux de la troisième de vingt livres.

Les sieurs de Valbrun, commandant la brigade d'Alsace, & Commerfort, commandant celle de la Marck, continueront d'être payés sur le pied de quatre-vingt-dix livres par mois à chacun; & ceux qui les remplaceront dans le commandement desdites brigades, recevront le même traitement.

Le sieur de Lort, commandant la brigade à la paye françoise, recevra, suivant l'article VII de ladite ordonnance du premier mai 1737, vingt-cinq livres par mois en ladite qualité, outre les trente-sept livres dix sols à lui attribuées, aussi par mois, en celle de Capitaine.

RÉGIMENT ROYAL-DEUX-PONTS.

LE régiment Royal-Deux-Ponts, composé de quatre bataillons, au moyen d'un bataillon d'augmentation, levé par ordonnance du 25 février 1758, chaque bataillon de six compagnies de cent treize hommes chacune, les Officiers non compris.

Compagnies.

Chacune des six compagnies de chaque bataillon, commandée par un Capitaine en pied, un Capitaine en second, un premier Lieutenant, un second Lieutenant, & un Lieutenant en second, qui dans les deux premières compagnies de chaque bataillon, tiendra lieu d'Enseigne

pour

pour porter les drapeaux, sera payée par mois, savoir;

A chacun des Capitaines des deux premières compagnies du premier bataillon, autres que celles des Colonel & Lieutenant-colonel, sur le pied de cent cinquante livres par mois, y compris soixante livres d'augmentation.

A chacun des deux Capitaines des deux compagnies qui suivent par leur rang, la somme de cent quarante livres, y compris cinquante livres d'augmentation.

Et à chacun des Colonel & Lieutenant-colonel, comme Capitaines des deux autres compagnies, à raison de cent trente livres par mois, dont quarante livres d'augmentation.

A l'égard des six compagnies de chacun des second, troisième & quatrième bataillons, chacun des Capitaines des deux premières compagnies, y compris le Commandant de bataillon, recevront cent cinquante livres d'appointemens par mois, dont soixante livres d'augmentation.

Chacun des deux Capitaines des deux compagnies qui suivent par leur rang, la somme de cent quarante livres, y compris cinquante livres d'augmentation.

Et chacun des Capitaines des deux autres compagnies, recevront cent trente livres par mois, dont quarante livres d'augmentation.

Quant aux autres Officiers desdites compagnies, ils seront payés sur le pied par mois, savoir; de cent vingt livres au Capitaine en second, y compris trente livres de supplément; de soixante-quinze livres au premier Lieutenant, y compris quinze livres de supplément; de soixante livres au second Lieutenant, y compris neuf livres de supplément; & de cinquante livres au Lieutenant en second, y compris deux livres de supplément. Le Capitaine recevra treize livres par mois, pour chacun des cent treize hommes dont sa compagnie est composée, non compris les Officiers, & pour chacune des payes de gratification qui lui sont réglées.

P.

Entend Sa Majesté qu'au moyen des treize livres par mois, que le Capitaine recevra pour chacun des cent treize hommes dont sa compagnie est composée, il entretiendra & payera un premier Sergent à treize sols par jour, deux autres à douze sols chacun, un quatrième à onze sols, un Fourrier & un Capitaine-d'armes à neuf sols chacun, un Fourrier-schutz à huit sols, quatre Caporaux, un Charpentier de profession & trois Tambours à sept sols chacun, huit Anspessades & huit Grenadiers à six sols, & quatre-vingt-deux Fusiliers à cinq sols six deniers chacun par jour.

Payes de gratification. Le Capitaine recevra de plus seize payes de gratification de treize livres chacune par mois, dont deux de supplément, sa compagnie étant complète audit nombre de cent treize hommes aux revûes des Commissaires ordinaires des guerres, quatorze à cent onze, douze à cent neuf, dix à cent sept, huit à cent cinq, & rien au dessous dudit nombre de cent cinq hommes.

État-major. L'État-major dudit régiment, composé d'un Colonel-lieutenant, un Lieutenant-colonel, un Commandant de chacun des second, troisième & quatrième bataillons, un Major, quatre Aides-majors & un Interprète, sera payé sur le pied par mois, savoir ; au Colonel-lieutenant, de cinq cens soixante livres, tant pour lui en sa qualité de Colonel, indépendamment de son traitement de Capitaine, que pour l'entretien de l'Aumônier, du Chirurgien, de l'Auditeur, du Prevôt, du Greffier, du Tambour-major, des deux Archers & de l'Exécuteur de justice ; de cent cinquante livres par mois au Lieutenant-colonel ; de soixante livres au Commandant de chacun des second, troisième & quatrième bataillons, outre leur traitement de Capitaine ; de deux cens cinquante livres au Major, de cent vingt livres à chacun des quatre Aides-majors qui ne pourront avoir d'autre charge dans le régiment, y compris trente livres d'augmentation, & de cent livres à l'Interprète.

Retenue à titre de Masse sur la A l'égard de la retenue à titre de Masse, elle sera faite conformément à ce qui est ordonné pour les régimens d'Infanterie allemande, sur le pied de trois livres par homme par mois, ce régiment étant à la paye de paix, qui est de treize livres; & de quatre livres dix sols aussi par homme par mois, lorsque le régiment sera à la paye de guerre, qui est de quatorze livres dix sols par homme par mois, non compris les payes de gratification qui doivent être remises au Capitaine sans aucune déduction. *Solde des compagnies.*

Entend Sa Majesté que ce régiment continue à recevoir la paye de guerre, conformément à l'ordonnance particulière qu'Elle a fait expédier à ce sujet le 30 juin 1757, jusqu'à ce qu'Elle en ordonne autrement, sur le pied de quatorze livres dix sols par homme par mois, & pour chacune des seize payes de gratification attribuées au Capitaine. *Paye de guerre.*

LES régimens Royal-Italien & Royal-Corse, composés chacun de six cens quatre-vingt-cinq hommes en neuf compagnies, dont une de quarante-cinq Grenadiers, & huit de Fusiliers de quatre-vingts hommes, seront payés, savoir; *ROYAL-ITALIEN & ROYAL-CORSE.*

La compagnie de Grenadiers, composée d'un Capitaine, un Lieutenant, un Lieutenant en second, trois Sergens, trois Caporaux, cinq Anspessades, trente-trois Grenadiers & un Tambour, à raison de six livres treize sols quatre deniers par jour au Capitaine, dont treize sols quatre deniers de supplément; trois livres six sols huit deniers au Lieutenant, y compris deux sols huit deniers de supplément; deux livres au Lieutenant en second, dix-neuf sols au premier Sergent, quinze sols à chacun des deux autres, dix sols dix deniers à chaque Caporal, neuf sols cinq deniers à chaque Anspessade, huit sols à chaque Grenadier, & neuf sols cinq deniers au Tambour. Le Capitaine recevra de plus huit payes de gratification de huit sols chacune, dont deux de supplément, sa compagnie étant complète de quarante-cinq hommes, & rien au dessous dudit nombre. *Compagnie de Grenadiers.*

Compagnies de Fuſiliers. Les huit compagnies de Fuſiliers de chacun de ces deux régimens, ſeront payées, ſavoir;

Chacun des deux Capitaines des deux premières compagnies, ſur le pied par jour, de cinq livres ſeize ſols huit deniers, dont ſeize ſols huit deniers de ſupplément.

Chacun des Capitaines des deux compagnies qui ſuivent par leur rang, ſur le pied par jour, de cinq livres ſix ſols huit deniers, dont ſix ſols huit deniers de ſupplément.

Et chacun des Capitaines des quatre dernières compagnies, ſur le pied de cinq livres par jour.

Quant aux autres Officiers deſdites compagnies de Fuſiliers, ils ſeront payés ſur le pied par jour, de trois livres ſix ſols huit deniers au Capitaine en ſecond, dont ſix ſols huit deniers de ſupplément; deux livres ſix ſols huit deniers au Lieutenant, dont ſix ſols huit deniers de ſupplément; trente-trois ſols quatre deniers au Lieutenant en ſecond, dont trois ſols quatre deniers de ſupplément; dix-huit ſols au premier Sergent, quatorze ſols à chacun des quatre autres, neuf ſols dix deniers à chacun des cinq Caporaux, huit ſols cinq deniers à chacun des ſept Anſpeſſades, ſept ſols ſix deniers à chacun des quinze Appointés, ſept ſols à chacun des quarante-ſix Fuſiliers, & huit ſols cinq deniers à chacun des deux Tambours.

Payes de gratification. Le Capitaine en pied recevra en outre douze payes de gratification de ſept ſols chacune, dont deux de ſupplément, ſa compagnie étant complète de quatre-vingts hommes, huit à ſoixante-dix-huit, ſix à ſoixnte-dix-ſept, quatre à ſoixante-ſeize, deux à ſoixante-quinze, & rien au deſſous dudit nombre de ſoixante-quinze hommes.

États-majors de Royal-Italien & de Royal-Corſe. L'État-major de chacun des régimens Royal-Italien & Royal-Corſe, ſera payé ſur le pied par jour, de trente livres au Colonel, douze livres au Lieutenant-colonel, tant pour leurs appointemens en leurdite qualité, qu'en celle de Capitaine, ne devant point avoir de compagnie; dix livres au Major, cinq livres à l'Interprète, quatre

livres

livres à l'Aide-major, trente fols au Maréchal-des-logis,
quarante fols à l'Aumônier, quinze fols au Chirurgien,
dix fols au Tambour-major, deux livres au Prevôt, vingt
fols à fon Lieutenant, douze fols fix deniers au Greffier,
& huit fols quatre deniers à chacun des cinq Archers &
à l'Exécuteur de Juftice.

Le Colonel en fecond du régiment Royal-Corfe, fera *Colonel en fecond*
payé fur le pied de cent foixante-fix livres treize fols *de Royal-Corfe.*
quatre deniers par mois, en paffant préfent aux revûes
des Commiffaires des guerres.

Les deux derniers Capitaines qui, par la nouvelle *Officiers réfor-*
compofition du régiment Royal-Italien, fe font trouvés *més de Royal-*
fans compagnie, & ont été attachés aux premières com- *Italien.*
pagnies de Fufiliers pour y tenir lieu de Capitaine en
fecond, continueront de recevoir chacun les cinq livres
d'appointemens par jour dont ils jouiffoient, & ce en
attendant leur remplacement aux premières compagnies
vacantes dans ledit régiment, auxquelles Sa Majefté veut
qu'ils foient nommés fuivant leur rang, & de préférence
aux autres Capitaines réformés.

Ceux des Capitaines en fecond ou réformés, attachés
actuellement au régiment Royal-Italien, qui fe trouvent
d'excédant au nombre de huit Capitaines en fecond,
réglé par l'ordonnance du 29 janvier 1757, & qui rem-
pliffent la troifième place d'Officier aux compagnies de
Fufiliers, fous le titre de fecond Capitaine en fecond,
continueront de recevoir les trois livres d'appointemens
chacun par jour; l'intention de Sa Majefté n'étant point
qu'ils participent à l'augmentation d'appointemens qu'Elle
a réglée aux Capitaines en fecond, ces places de feconds
Capitaines en fecond ne feront remplies, à mefure qu'elles
deviendront vacantes, que par des Lieutenans aux appointemens de quarante-fix fols huit deniers.

Les Commandans des fecond & troifième bataillons *Commandans*
réformés dudit régiment Royal-Italien, qui ont paffé *des fecond &*
avec leurs compagnies dans le bataillon refté fur pied, *troifième batail-*
en confervant le titre & le rang de Commandant de *lons réformés de*
Royal-Italien.

bataillon, continueront de jouir, indépendamment de leurs appointemens de Capitaine, des quarante sols qu'ils avoient chacun par jour en ladite qualité de Commandant de bataillon, jusqu'à ce qu'ils soient nommés à une charge dont les appointemens ne seront pas inférieurs.

Officiers réformés de Royal-Italien & Royal-Corse. — Les Colonels & Lieutenans-colonels réformés à la suite des régimens Royal-Italien & Royal-Corse, seront payés des appointemens qui leur ont été réglés, en passant présens aux revûes, sur le pied par mois, de cent livres au Colonel, & de quatre-vingt-trois livres six sols huit deniers au Lieutenant-colonel; à l'exception cependant des Colonels & Lieutenans-colonels, auxquels il a été réglé des appointemens différens, dont ils continueront de jouir en conséquence des ordres particuliers qui leur ont été expédiés; soixante livres à chaque Capitaine, & trente livres à chaque Lieutenant.

Retenue pour l'habillement de Royal-Italien & Royal-Corse. — Entend Sa Majesté que la retenue qui doit être faite de l'excédant de solde, pour tenir lieu de Masse & servir à l'habillement, équipement, linge & chaussure des Sergens, Caporaux, Anspessades, Grenadiers, Fusiliers & Tambours des régimens Royal-Italien & Royal-Corse, reste entre les mains des Majors pour être remise aux Capitaines qui seront chargés à l'avenir dudit entretien, & le fonds de ladite retenue ne leur sera délivré qu'après que l'Inspecteur général aura constaté les réparations nécessaires à leur troupe.

INFANTERIE IRLANDOISE & ÉCOSSOISE. — LES régimens d'Infanterie Irlandoise de Bulkeley, Clare, Dillon, Rothe & Berwick; & ceux d'Infanterie Écossoise de Royal-Écossois & d'Ogilvy, composés chacun d'un bataillon de sept cens cinq hommes, en treize compagnies, dont une de Grenadiers de quarante-cinq hommes, & douze de Fusiliers de cinquante-cinq hommes chacune, seront payés, savoir;

Compagnie de Grenadiers. — La compagnie de Grenadiers, sur le pied par jour, de six livres treize sols quatre deniers au Capitaine, dont treize sols quatre deniers de supplément; quatre livres au Capitaine en second, dont treize sols quatre deniers de supplément; trois livres dix sols au Lieutenant, trente-six sols huit deniers au Lieutenant en second, dont six sols huit deniers de supplément, vingt sols au premier Sergent, seize sols au second, onze sols six deniers à chacun des trois Caporaux, dix sols six deniers à chacun des trois Anspessades, & neuf sols six deniers à chacun des trente-six Grenadiers & au Tambour. Le Capitaine recevra de plus cinq payes de gratification de neuf sols six deniers chacune, dont deux de supplément, sa compagnie étant complète de quarante-cinq hommes, & rien au dessous dudit nombre de quarante-trois hommes.

Les douze compagnies de Fusiliers de chacun desdits régimens, seront payées, savoir; *Compagnies de Fusiliers.*

Aux trois Capitaines des trois premières compagnies, sur le pied par jour, de cinq livres seize sols huit deniers, dont seize sols huit deniers de supplément.

Chacun des Capitaines des trois compagnies qui suivent par leur rang, sur le pied par jour, de cinq livres six sols huit deniers, dont six sols huit deniers de supplément.

Et chacun des Capitaines des six dernières compagnies, sur le pied par jour, de cinq livres.

Quant aux autres Officiers desdites compagnies, ils seront payés sur le pied par jour, de trois livres six sols huit deniers au Capitaine en second, quarante-six sols huit deniers au Lieutenant, dont un sol huit deniers de supplément; trente-trois sols quatre deniers au Lieutenant en second, dont trois sols quatre deniers de supplément; dix-neuf sols au premier Sergent, quinze sols à chacun des deux autres, dix sols six deniers à chacun des quatre Caporaux, neuf sols six deniers à chacun des quatre Anspessades, & huit sols six deniers à chacun des quarante-trois Fusiliers & au Tambour. Le Capitaine recevra de plus sept payes de gratification de huit sols six deniers chacune, dont deux de supplément, sa compagnie étant complète de cinquante-cinq hommes, quatre à cinquante-quatre, trois à cinquante-trois, une à cinquante-deux, & rien au dessous dudit nombre de cinquante-deux hommes.

Enseignes.   Chacun des deux Enseignes, pour porter les deux drapeaux qu'il y a dans chaque régiment, recevra ses appointemens à raison de trente-six sols par jour.

Etats-majors des régimens de Bulkeley, Clare, Dillon, Rothe, Berwick, Royal-Écossois & Ogilvy.   L'État-major de chacun desdits régimens de Bulkeley, Clare, Dillon, Rothe, Berwick, Royal-Écossois & Ogilvy, sera payé sur le pied par jour, de dix-huit livres six sols huit deniers au Colonel, tant pour ses appointemens en ladite qualité, que pour lui tenir lieu de ceux de Capitaine, ne devant point avoir de compagnie, dans lesquels appointemens est compris un supplément de cinq livres seize sols huit deniers aux Colonels des régimens de Rothe & de Berwick ; onze livres dix-sept sols neuf deniers un tiers au Lieutenant-colonel de chacun desdits sept régimens, aussi sans compagnie, dont quatre livres douze sols neuf deniers un tiers à titre d'augmentation de traitement, indépendamment de la gratification attachée à sa charge, dont il continuera de jouir; huit livres six sols huit deniers au Major, dont trente-trois sols quatre deniers de supplément; trois livres six sols huit deniers à l'Aide-major, y compris six sols huit deniers de supplément; quarante sols à l'Aumônier, trente sols à chacun des Chirurgien & Maréchal-des-logis, cinq livres à l'Interprète de chacun desdits régimens, & pareilles cinq livres au second Interprète attaché au régiment Royal-Écossois par l'article III de l'ordonnance du 20 décembre 1748, concernant l'incorporation du régiment d'Albanie.

La Prevôté qui est en chacun desdits régimens de Rothe & de Berwick, sera payée sur le pied par jour, de vingt-six sols huit deniers au Prevôt, treize sols quatre deniers à son Lieutenant, huit sols quatre deniers au Greffier, cinq sols à chacun des cinq Archers & à l'Exécuteur de justice.

Le Colonel de chacun des régimens de Bulkeley, Clare, Dillon, Royal-Écossois & d'Ogilvy, continuera de jouir

jouir de la penſion de quatre mille ſept cens livres par an, attachée à ſa charge; & celui de chacun des régimens de Rothe & Berwick, continuera auſſi de jouir de la penſion de mille livres par an attachée à ſa charge, au moyen de quoi leſdits Colonels ne pourront rien retenir ſur la ſolde & la Maſſe des Sergens, Caporaux, Anſpeſſades, Grenadiers, Soldats & Tambours, qui doivent recevoir leur paye entière, à la déduction ſeulement de ce qui ſera mis à la Maſſe pour leur habillement.

Sa Majeſté ayant bien voulu permettre qu'il ſoit entre-tenu douze Cadets dans chacun deſdits régimens Irlan-dois & Écoſſois, qui tiendront lieu de pareil nombre de Soldats, ſon intention eſt que leſdits Cadets reçoivent chacun un ſupplément de paye de quatre ſols ſix deniers par jour, à compter de celui qu'ils paſſeront préſens aux revûes des Commiſſaires des guerres. *Cadets.*

Les Officiers réformés entretenus à la ſuite deſdits régimens Irlandois & Écoſſois, y ſeront payés, en paſſant préſens aux revûes, ſur le pied par mois, de cent livres à chaque Colonel, quatre-vingt-trois livres ſix ſols huit deniers à chaque Lieutenant-colonel, ſoixante-ſix livres treize ſols quatre deniers à chaque Capitaine, & trente livres à chaque Lieutenant; indépendamment de ceux deſdits Officiers réformés qui ſe trouveront encore employés à la ſuite des régimens Royal-Écoſſois & d'Ogilvy, provenant de l'incorporation qui y a été faite de celui d'Albanie, leſquels ſeront payés en paſſant préſens aux revûes ſur le pied réglé par les ordonnan-ces des 20 décembre 1748 & premier février 1751, ſavoir; de cent cinquante livres par mois au Lieu-tenant-colonel, cent trente-cinq livres au Capitaine de Grenadiers, cent cinq livres à chaque Capitaine & au Major, quatre-vingt-deux livres dix ſols à chaque Capi-taine en ſecond, quatre-vingt-dix livres au Lieutenant de Grenadiers, cinquante-deux livres dix ſols à chaque Lieutenant, y compris l'Aide-major, & de quarante-cinq livres à chaque Lieutenant en ſecond réformé : A l'égard *Officiers réfor-més à la ſuite des régimens Irlan-dois & Écoſſois.*

des Colonels & Lieutenans-colonels auxquels il auroit été réglé des appointemens différens de ceux ci-dessus fixés, ils continueront d'en jouir, en conséquence des ordres particuliers qui leur ont été expédiés.

X I I.

VEUT Sa Majesté, par rapport aux gradations établies par la présente ordonnance pour la fixation des appointemens des Capitaines, que chaque compagnie soit placée dans les bataillons des différens corps, suivant le rang qu'elle y doit tenir par l'ancienneté du Capitaine. Ordonne Sa Majesté aux Commandans des corps, de tenir la main à ce que cette disposition soit exactement remplie lors des mutations qui pourront arriver dans leurs régimens; en sorte qu'à chaque revûe que les Commissaires des guerres en feront, toutes les compagnies se trouvent placées à leur rang.

OUTILS en chaque compagnie d'Infanterie françoise & étrangère.

Veut Sa Majesté qu'il y ait toûjours en chaque compagnie de son Infanterie françoise & étrangere, dix outils propres à remuer la terre, que les Soldats de chaque chambrée porteront tour à tour avec leurs armes.

INGÉNIEURS.

Les Ingénieurs auxquels Sa Majesté a accordé des réformes, seront payés par le Trésorier général de l'Artillerie & du Génie, ou par ses Commis, dans les places de leur résidence, en vertu des reliefs qui leur seront expédiés de six en six mois, sur le pied de neuf cens livres par an à chaque Colonel, sept cens livres à chaque Lieutenant-colonel, quatre cens cinquante livres à chaque Capitaine, & deux cens quarante livres à chaque Lieutenant.

A l'égard des Ingénieurs retirés du service, auxquels Sa Majesté a bien voulu en se retirant conserver les réformes dont ils jouissoient, ils continueront d'être payés de six en six mois aux lieux qu'ils ont choisis pour leur résidence, par les Commis de l'Extraordinaire des guerres, en vertu des reliefs qui leur seront expédiés.

Sa Majesté trouve bon que les seize deniers par jour, accordés à chaque Sergent, & les huit deniers à chaque Caporal, Anspessade, Grenadier, Soldat & Tambour de son Infanterie françoise, pour s'entretenir de linge & de chaussure, leur soit continué pendant les marches dans les lieux où l'étape sera fournie, même aux trois cens quarante surnuméraires que Sa Majesté a bien voulu entretenir dans son régiment d'Infanterie, sur le pied de cinq en chacune des soixante-huit compagnies dont il est composé; & il sera payé un supplément de solde au Corps de l'Artillerie, & aux troupes d'Infanterie étrangère, sur le pied ci-après réglé, article XVII de la présente ordonnance.

XIII.

GENDARMERIE.

LES Officiers des quatre compagnies des Gardes-du-corps du Roi, servant à la Cornette, seront payés, à commencer du premier janvier de la présente année, sur le pied, par jour, pour chaque compagnie, de six livres à chacun des trois Lieutenans, cinq livres à chacun des trois Enseignes, six livres cinq sols à l'Aide-major, dont vingt sols de supplément d'appointemens, & quarante-cinq sols pour tenir lieu de trois rations de fourrage par jour, à quinze sols chacune; cinq livres dix sols à chacun des treize Exempts, y compris le Sous-aide-major, établi par ordonnance du 9 juin 1745, dont vingt sols de supplément d'appointemens, & trente sols pour tenir lieu de deux rations de fourrage par jour à quinze sols chacune; trois livres à chacun des neuf Brigadiers, dont vingt sols de supplément; cinquante-cinq sols à chacun des neuf Sous-brigadiers, dont vingt sols de supplément; cinquante-deux sols à chacun des deux cens quatre-vingt Gardes de la compagnie Écossoise, & à chacun des deux cens quatre-vingt-deux Gardes de chacune des trois autres, dont dix-neuf sols de supplément; trente-trois sols à chacun des six Trompettes & au Timbalier, quarante sols à l'Aumônier, & vingt sols au Chirurgien.

Veut Sa Majesté que les retenues qu'il est d'usage de

faire sur la paye des Brigadiers, Sous-brigadiers, Porte-étendards, Gardes, Trompettes & Timbaliers, demeurent fixées, ainsi qu'elles l'étoient par le passé, en observant toûjours que dans le nombre de ces retenues, il continuera d'en exister une de neuf sols pour chaque ration de fourrage qui leur seront fournies, & que la totalité des retenues sur la paye du Garde, n'excédera point la somme de vingt-huit livres par mois, afin qu'il ait de net cinquante livres de paye aussi par mois.

GRENADIERS A CHEVAL.   La compagnie des Grenadiers à cheval de Sa Majesté, composée de cent trente Grenadiers & quatre Tambours, sera payée, à commencer du premier janvier de la présente année, sur le pied par jour, de dix livres au Capitaine-lieutenant, sept livres cinq sols à chacun des trois Lieutenans, dont vingt-cinq sols de supplément; cinq livres à chacun des quatre Sous-lieutenans, y compris l'Aide-major, établi par ordonnance particulière du 29 juillet 1755, dont vingt sols de supplément; trois livres quinze sols à chacun des trois Maréchaux-des-logis, dont quinze sols de supplément; quarante-cinq sols à chacun des six Sergens, dont cinq sols de supplément; trente-six sols à chacun des trois Brigadiers, dont cinq sols de supplément; trente-un sols à chacun des six Sous-brigadiers, dont cinq sols de supplément; vingt-neuf sols à chacun des six appointés, & un Porte-étendard, dont cinq sols de supplément; vingt-six sols à chacun des cent huit Grenadiers & quatre Tambours, dont cinq sols de supplément; & quarante sols à l'Aumônier établi en ladite compagnie, par ordonnance particulière du 9 février 1734.

L'intention de Sa Majesté est qu'il soit délivré à chacun des trois Lieutenans, quatre Sous-lieutenans, y compris l'Aide-major & trois Maréchaux-des-logis, une ration de fourrage par jour, en nature ou en argent, au prix fixé pour les chevaux des Grenadiers, lorsque la compagnie aura la disposition des fourrages, pour leur donner moyen d'entretenir un cheval de monture, en observant que dans le cas que ladite compagnie serviroit dans les

armées,

armées, & que les Officiers auroient du fourrage, la ration ci-dessus ne produira aucune augmentation sur le nombre de rations attribuées à chacun suivant son grade.

Les grands Officiers des compagnies de Gendarmes & des Chevaux-légers de la garde du Roi, & les cinquante Gendarmes & cinquante Chevaux-légers, deux Trompettes & un Timbalier de chaque compagnie, servant par quartier près Sa Majesté, continueront à être payés suivant les états & ordres qui seront expédiés à cet effet.

Il sera payé trente sols par jour à chacun des six Brigadiers, six Sous-brigadiers, cent trente-huit Gendarmes & Chevaux-légers, & deux Trompettes, de chacune desdites deux compagnies servant à la Cornette; & vingt sols à chacun des sept petits Officiers, aussi de chaque compagnie, savoir, un Aumônier, deux Fourriers, deux Chirurgiens, un Sellier & un Maréchal-ferrant.

Chacune des deux compagnies de Mousquetaires de la garde du Roi, sera payée à raison de trente livres par jour au Capitaine-lieutenant, qui est vingt livres pour les appointemens de Capitaine, & dix livres pour ceux de Lieutenant; six livres treize sols quatre deniers à chacun des deux Sous-lieutenans, cinq livres à chacun des deux Enseignes & deux Cornettes; cinquante sols à chacun des dix Maréchaux-des-logis, quarante-deux sols à chacun des quatre Brigadiers, quarante sols à chacun des dix-huit Sous-brigadiers & cent soixante-dix-huit Mousquetaires, cinquante sols à chacun des quatre Hautbois, & trente sols à chacun des six Tambours & des six petits Officiers, savoir, un Aumônier, un Chirurgien, un Apothicaire, un Fourrier, un Sellier & un Maréchal-ferrant.

Les grands Officiers des dix compagnies de Gendarmes de la Gendarmerie, continueront d'être payés suivant les états que Sa Majesté fera expédier; & les Maréchaux-des-logis, Brigadiers, Sous-brigadiers, Porte-étendards, Gendarmes, Trompettes & Timbaliers, sur le même pied de ceux des compagnies de Chevaux-légers, ainsi qu'il sera ci-après expliqué.

Compagnies de Chevaux-légers.

Chacune des six compagnies de Chevaux-légers de ladite Gendarmerie, composée d'un Capitaine-lieutenant, un Sous-lieutenant, deux Cornettes, quatre Maréchaux-des-logis, deux Brigadiers, deux Sous-brigadiers, un Porte-étendard, soixante-dix Chevaux-légers ou Gendarmes, au moyen des vingt-sept ordonnés le 25 décembre 1756, d'augmentation en chaque compagnie, & deux Trompettes, sera payée à raison par jour, de neuf livres au Capitaine-lieutenant, dont six livres en qualité de Capitaine, & trois livres en celle de Lieutenant, trois livres au Sous-lieutenant; quarante-cinq sols à chaque Cornette, cinquante sols à chaque Maréchal-des-logis, dont quatre sols de supplément; vingt-six sols six deniers à chaque Brigadier & Sous-brigadier, dix-huit sols quatre deniers au Porte-étendard, quinze sols à chaque Chevau-léger ou Gendarme, & vingt-deux sols à chaque Trompette.

Il sera payé vingt-deux sols par jour à chacun des huit Timbaliers entretenus dans les huit premières compagnies, & trente sols à chacun des deux Aumôniers de ladite Gendarmerie.

Supplément de paye aux Gendarmes & Chevaux-légers, pour tenir lieu de Masse.

Sa Majesté ayant bien voulu accorder un supplément de paye de deux sols deux deniers par jour, pour tenir lieu de Masse, à chaque Gendarme & Chevau-léger seulement, des seize compagnies de la Gendarmerie, son intention est qu'ils en jouissent, à commencer du premier janvier de la présente année, indépendamment des quinze sols par jour qui sont réglés ci-dessus à chacun desdits Gendarmes & Chevaux-légers.

Pensions aux Brigadiers, Sous-brigadiers, & à chacun des deux plus anciens Gendarmes ou Chevaux-légers, par brigade.

Sa Majesté voulant aussi qu'il soit établi une pension attachée à l'état de Brigadier & Sous-brigadier, ainsi qu'aux deux plus anciens Gendarmes, en chacune des brigades des seize compagnies de la Gendarmerie, son intention est que le payement en soit fait, en vertu des ordres particuliers qu'Elle fera expédier à cet effet, sur le pied par an, de cent livres à chaque Brigadier, de soixante-quinze livres à chaque Sous-brigadier, & de cinquante livres à chacun des deux plus anciens Gendarmes ou Chevaux-légers par brigade.

Les Officiers de l'État-major de ladite Gendarmerie, étant payés de leurs appointemens à l'Ordinaire des guerres, il n'en sera point fait ici mention.

État-major de la Gendarmerie.

X I V.

CAVALERIE, CARABINIERS, HUSSARDS

ET DRAGONS.

LES quatre cens quarante-quatre compagnies qui composent les cent onze escadrons des cinquante-cinq régimens de Cavalerie françoise, chaque escadron de quatre compagnies de quarante Maîtres, au moyen des dix hommes dont elles ont été augmentées par ordonnance du premier décembre 1755, seront payées chacune sur le pied par jour, de cinq livres au Capitaine, cinquante sols au Lieutenant, trente-sept sols six deniers au Cornette, vingt-six sols huit deniers au Maréchal-des-logis, douze sols au Fourrier, huit sols à chacun des deux Brigadiers, & sept sols à chacun des trente-sept Cavaliers, y compris le Trompette & le Timbalier où il doit y en avoir.

CAVALERIE FRANÇOISE.

Le Sous-lieutenant qui est dans la compagnie Colonelle du Colonel général de la Cavalerie, le Cornette-blanc qui est dans ladite compagnie, & le Cornette qui est en chacune des compagnies Mestre-de-camp des régimens du Mestre-de-camp général & du Commissaire général de la Cavalerie, recevront, savoir, le Sous-lieutenant cinquante sols par jour, le Cornette-blanc & chacun des deux autres, trente-sept sols six deniers, aussi par jour.

Sous-lieutenans & Cornettes en charge dans les régimens Colonel-général, Mestre-de-camp & Commissaire général de la Cavalerie.

Sa Majesté ayant conservé par ses ordonnances des premier septembre & 30 octobre 1748, les compagnies aux Mestres-de-camp des régimens Colonel, Mestre-decamp & Commissaire général; l'État-major de chacun desdits trois régimens sera payé sur le pied par jour, savoir, de quarante-quatre sols cinq deniers au Mestre-de-camp,

État-major des trois premiers régimens de la Cavalerie.

dont il jouira à commencer du premier novembre 1757, suivant l'usage en temps de guerre, indépendamment de ses appointemens de Capitaine ; le Lieutenant-colonel, qui ne doit point avoir de compagnie dans le régiment, recevra six livres six sols huit deniers d'appointemens, & cinq livres à titre d'augmentation de traitement ; six livres au Major, dont vingt sols de supplément ; & trois livres à l'Aide-major, dont dix sols de supplément ; trente sols à l'Aumônier, & treize sols six deniers au Chirurgien.

Etat-major des cinquante-deux autres régimens de Cavalerie françoise. L'État-major de chacun des cinquante-deux autres régimens de Cavalerie françoise, sera payé sur le pied par jour, de six livres treize sols quatre deniers au Mestre-de-camp, qui ne doit point avoir de compagnie ; le Lieutenant-colonel qui ne doit point aussi avoir de compagnie dans le régiment, le Major, l'Aide-major, l'Aumônier & le Chirurgien, recevront les mêmes appointemens ci-dessus réglés pour ceux des mêmes grades des régimens du Colonel, Mestre-de-camp & Commissaire général.

Capitaines réformés de Cavalerie Françoise, dernière réforme. Les Capitaines réformés de Cavalerie françoise, qui ont été entretenus à la suite des régimens en conséquence des ordonnances des premier septembre, 30 octobre 1748 & 15 mars 1749, lesquels sont obligés de servir à leur corps toute l'année, au lieu des quatre mois auxquels ils étoient ci-devant assujétis, continueront de recevoir le même traitement dont ont joui les Capitaines réformés, durant la guerre, qui est de quatre-vingt-dix livres par mois, en passant présens aux revûes des Commissaires des guerres.

Capitaines réformés de Cavalerie Françoise, ancienne réforme. Les Capitaines réformés qui étoient entretenus à la suite des régimens de Cavalerie françoise avant les ordonnances de réforme de 1748 & 1749, & qui se trouveront encore y exister, continueront aussi d'être payés de leurs appointemens, sur le même pied qu'ils les recevoient pendant la guerre, qui est de quatre-vingt-dix livres par mois, en servant toute l'année à leur corps, & passant présens aux revûes des Commissaires des guerres.

Les

Les Lieutenans en pied, compris dans les dernières réformes de 1748 & 1749, auxquels il a été alors accordé des appointemens chez eux, par rapport à l'ancienneté de leurs services, & qui ont été choisis pour remplir les places de Cornettes établis dans les régimens de Cavalerie françoise par les ordonnances des 8 septembre 1756 & 5 janvier 1757, & pourvûs de cette place de troisième Officier, sous le titre de Lieutenant en second, continueront de recevoir leurs appointemens de réforme, indépendamment de ceux attribués ci-dessus au grade de Cornette, & desquels appointemens de réforme ils cesseront de jouir du jour qu'ils seront remplacés à des Lieutenances en pied.

Lieutenans réformés de Cavalerie françoise, ci-devant en pied.

Les Cornettes réformés qui ont été Maréchaux-des-logis, & qui se sont trouvés entretenus à la suite desdits régimens de Cavalerie françoise, en qualité de Lieutenans réformés, & depuis nommés auxdites places de Cornettes ordonnés lesdits jours 8 septembre 1756 & 5 janvier 1757, jouiront des appointemens de trente-sept sols six deniers par jour qui y sont attachés; au moyen de quoi ceux de trois cens livres par an qu'ils recevoient comme Lieutenans réformés, seront supprimés du jour qu'ils ont été nommés auxdites places de Cornettes en pied; voulant Sa Majesté que ceux desdits Lieutenans réformés qui ne se seront pas présentés pour lesdites places, ou qui n'auront pas été jugés capables d'y être nommés, cessent de jouir de leurs appointemens de réforme, & que cette règle soit suivie pareillement pour lesdites places qui viendront à vaquer dans les régimens où elles ont été établies par lesdites ordonnances des 8 septembre 1756 & 5 janvier 1757.

Cornettes réformés qui ont été Maréchaux-des-logis.

CHACUNE des quarante compagnies qui composent les cinq brigades du régiment des Carabiniers de M. le Comte de Provence, composée de trente-cinq Maîtres chacune, sera payée sur le pied par jour, de six livres au Capitaine, trois livres au Lieutenant, quarante-cinq sols au Cornette établi en chaque compagnie par ordon-

RÉGIMENT des CARABINIERS de M. LE COMTE de PROVENCE. Compagnies.

nances des 8 septembre 1756 & 5 janvier 1757, trente
sols au Maréchal-des-logis, treize sols six deniers au Fourrier, neuf sols à chacun des deux Brigadiers, & huit sols
à chacun des trente-deux Carabiniers, compris le Trompette & le Timbalier qui est en chacune des cinq compagnies Mestre-de-camp.

État-major.   L'État-major dudit régiment sera payé sur le pied
par jour, de cinquante-cinq livres onze sols un denier
un tiers au Mestre-de-camp-lieutenant, dont trente-trois
livres six sols huit deniers en ladite qualité de Mestre-
de-camp, & vingt-deux livres quatre sols cinq deniers un
tiers en celle d'Inspecteur dudit Corps; & seize livres
treize sols quatre deniers au Major.

A l'égard de l'État-major des cinq brigades, il sera
payé sur le pied par jour, de cinquante-un sols dix deniers au Mestre-de-camp, trente-huit sols dix deniers au
Lieutenant-colonel, outre leurs appointemens de Capitaine; cinq livres à l'Aide-major, trois livres au Sous-
aide-major, trente sols à l'Aumônier, & seize sols deux
deniers au Chirurgien.

Appointemens conservés aux anciens Majors de Brigades.   Sa Majesté ayant supprimé par son ordonnance du
13 mai 1758, la Majorité particulière de chaque brigade,
& ordonné que les Officiers qui en étoient pourvûs
passeroient à des compagnies; son intention est qu'ils
jouissent de sept livres d'appointemens par jour, jusqu'à
leur remplacement.

RÉGIMENT de CAVALERIE IRLANDOISE de FILTZJAMES. Compagnies.   CHACUNE des huit compagnies du régiment de
Cavalerie Irlandoise de Filtzjames, portée à quarante
Maîtres par ordonnance du premier décembre 1755, sera
payée sur le pied par jour, de cinq livres au Capitaine,
cinquante sols au Lieutenant, trente-sept sols six deniers
au Cornette établi en chaque compagnie par ordonnance
du 5 janvier 1757, vingt-six sols huit deniers au Maréchal-
des-logis, douze sols au Fourrier, dix sols à chacun des
deux Brigadiers, & neuf sols à chacun des trente-sept
Cavaliers, compris le Trompette & le Timbalier où il
doit y en avoir.

L'État-major sera payé à raison par jour, savoir; de *Etat-major.* six livres treize sols quatre deniers au Mestre-de-camp; au Lieutenant-colonel, six livres six sols huit deniers d'appointemens, & cinq livres à titre d'augmentation de traitement: lesquels Mestre-de-camp & Lieutenant-colonel ne doivent point avoir de compagnie, en conséquence de ce qui est réglé par l'ordonnance du 5 avril 1749; six livres au Major, dont vingt sols de supplément; trois livres à l'Aide-major, dont dix sols de supplément; trente sols à l'Aumônier, & treize sols six deniers au Chirurgien.

Les Capitaines qui se sont trouvés dans le cas de la *Officiers réfor-* réforme ordonnée dans ledit régiment de Filtzjames *més du régiment* le 15 mars 1749, à la suite duquel ils ont été entretenus, *de Filtzjames.* continueront d'y servir toute l'année, au lieu des quatre *Dernières* mois auxquels ils étoient ci-devant assujétis; voulant Sa *réformes.* Majesté qu'ils reçoivent le même traitement dont ont joui les Capitaines réformés dudit régiment durant la guerre, qui est de cent vingt livres chacun par mois, en passant présens aux revûes des Commissaires des guerres.

Les Capitaines réformés qui étoient entretenus à la *Anciennes* suite dudit régiment avant la réforme ordonnée les 30 *réformes.* octobre 1748 & 15 mars 1749, & qui se trouveront encore y exister, seront pareillement tenus d'y servir toute l'année, au lieu des quatre mois auxquels ils étoient aussi assujétis, & seront payés de leurs appointemens sur le même pied qu'ils en jouissoient pendant la guerre, qui est de cent vingt livres chacun par mois, en passant présens aux revûes des Commissaires des guerres.

Sa Majesté ayant bien voulu rétablir les appointemens *Mestres-de-camp* des Mestres-de-camp & Lieutenans-colonels entretenus à *& Lieutenans-co-* la suite dudit régiment, qui serviront dans ses armées, *lonels réformés à la* sur le même pied qu'ils étoient pendant la dernière *suite du régiment* guerre, Elle ordonne qu'ils reçoivent, à commencer du *de Filtzjames.* premier janvier de la présente année, savoir, les Mestres-de-camp, cent quatre-vingt-trois livres sept sols six deniers d'appointemens par mois, & les Lieutenans-colonels, cent vingt-cinq livres aussi d'appointemens par mois; à l'exception cependant des Meſtres-de-camp & Lieutenans-colonels, auxquels il auroit été réglé des appointemens différens, dont ils continueront de jouir, en conſéquence des ordres particuliers qui leur ont été expédiés.

Lieutenans ré-formés ci-devant en pied. Les Lieutenans en pied, qui ont été compris dans la réforme ordonnée le 15 mars 1749, dans ledit régiment de Filtzjames, auxquels il a été accordé des appointemens de réforme par rapport à l'ancienneté de leurs ſervices, & qui auront été choiſis pour remplir des places de Cornettes ordonnés dans ledit régiment le 5 janvier 1757, pour en être pourvûs ſous le titre de Lieutenant en ſecond, conſerveront leurſdits appointemens de réforme, indépendamment de ceux de trente-ſept ſols ſix deniers par jour, attribués à chacun deſdits Cornettes; & ce ſeulement juſqu'à ce qu'ils ſoient remplacés Lieutenans en pied, & alors leurſdits appointemens de réforme ſeront éteints.

Cornettes réfor-més qui avoient été Maréchaux-des-logis dans Filtzjames. Les Cornettes réformés par ordonnance du 30 octobre 1748, qui avoient été Maréchaux-des-logis, & ont été entretenus à la ſuite du régiment en qualité de Lieutenans réformés, & qui auront été remplacés auxdites places de Cornettes ordonnés le 5 janvier 1757, jouiront ſeulement des appointemens de trente-ſept ſols ſix deniers par jour qui y ſont attachés; au moyen de quoi ceux de trois cens livres par an, qu'ils recevoient comme Lieutenans réfor-més, demeureront ſupprimés du jour de leur nomination auxdites places de Cornettes. Veut Sa Majeſté que ceux deſdits Lieutenans réformés, qui ne ſe ſeront pas pré-ſentés pour leſdites places, ou qui n'auront pas été jugés capables d'y être nommés, ceſſent de jouir de leurs ap-pointemens de réforme, ainſi qu'il eſt dit à l'article de la Cavalerie françoiſe.

RÉGIMENT ROYAL-ALLEMAND. Compagnies. CHACUNE des huit compagnies du régiment Royal-Allemand, portées par ordonnance du premier décembre 1755, à quarante Maîtres, par une augmentation de dix hommes en chaque compagnie, ſera payée ſur le pied

par

par jour, de six livres au Capitaine, trois livres au Lieute-nant, quarante-cinq sols au Cornette établi en chaque compagnie par ordonnance du 8 septembre 1756, trente sols au Maréchal-des-logis, douze sols au Fourrier, neuf sols à chacun des deux Brigadiers, & sept sols à chacun des trente-sept Cavaliers, y compris les Cadets, Trom-pettes & Timbalier où il doit y en avoir.

Il sera en outre payé un sol par jour à chaque Cadet *Cadets.* qui passera en revûe dans le nombre desdits Cavaliers, sur le certificat du Commandant du régiment.

L'État-major du régiment, sera payé à raison par jour, *État-major.* de six livres treize sols quatre deniers au Mestre-de-camp, & cinq livres à chacun des deux Lieutenans - colonels, indépendamment de leurs appointemens de Capitaine ; huit livres six sols huit deniers à chacun des deux Majors, trois livres à chacun des deux Aides-majors, dont six sols huit deniers de supplément ; vingt-six sols huit deniers au Maréchal-des-logis, trente-trois sols quatre deniers au Prevôt, vingt-six sols huit deniers à son Lieutenant, vingt sols au Greffier, vingt-six sols huit deniers à chacun des Aumônier & Chirurgien, & quinze sols à chacun des quatre Archers & à un Exécuteur de Justice.

LES huit compagnies de chacun des régimens Alle- *RÉGIMENS* mands de Wirtemberg & de Nassau-Saarbruck, portées *de WIRTEMBERG* par ordonnance du premier décembre 1755, à quarante *& de NASSAU-* Maîtres, au moyen des dix hommes mis d'augmentation *SAARBRUCK.* en chaque compagnie, seront payées chacune sur le pied *Compagnies.* par jour, de six livres au Capitaine, trois livres au Lieute-nant, quarante-cinq sols au Cornette établi dans chaque compagnie, par ordonnance du 8 septembre 1756, vingt-six sols huit deniers au Maréchal-des-logis, douze sols au Fourrier, huit sols à chacun des deux Brigadiers, & sept sols à chacun des trente-sept Cavaliers, y compris le Trompette & le Timbalier où il doit y en avoir

L'Etat-major du régiment de Wirtemberg, sera payé *Etat-major* sur le pied par jour, savoir, de trois livres six sols huit *du régiment de* deniers au Mestre-de-camp, & quarante sols au Lieutenant- *Wirtemberg.*

colonel, indépendamment de leurs appointemens de Capitaine; huit livres dix sols au Major, trois livres par jour à l'Aide-major, treize sols quatre deniers à l'Aumônier, treize sols quatre deniers à chacun des Chirurgien & Auditeur, & sept sols six deniers à chacun des Greffier, trois Archers & un Exécuteur.

Le Comte de Rosen, Mestre-de-camp en second du régiment de Wirtemberg, & qui le commande en l'absence du Prince de Wirtemberg, continuera de recevoir six livres treize sols quatre deniers par jour, pour ses appointemens en ladite qualité, ne devant point avoir de compagnie.

Etat-major du régiment de Nassau-Saarbruck. L'Etat-major du régiment de Nassau-Saarbruck, sera payé à raison par jour, de trois livres six sols huit deniers au Mestre-de-camp, & quarante sols au Lieutenant-colonel, indépendamment de leurs appointemens de Capitaine; huit livres dix sols au Major, dont trente-six sols huit deniers de supplément; trois livres à l'Aide-major, dont six sols huit deniers de supplément; treize sols quatre deniers à l'Aumônier, & pareils treize sols quatre deniers au Chirurgien qui a été conservé dans ledit régiment lors des dernières réformes.

Capitaines réformés à la suite des régimens de Cavalerie allemande. Les Capitaines qui se sont trouvés dans le cas de la réforme ordonnée les 30 octobre 1748 & 15 mars 1749, qui ont été entretenus à la suite des régimens Royal-Allemand, Wirtemberg & Nassau, & les Capitaines qui y étoient entretenus avant lesdites deux ordonnances de réforme, & qui se trouveront encore y exister, continueront de servir à leur corps toute l'année, au lieu des quatre mois auxquels ils étoient assujétis; & recevront par an, savoir, ceux qui ont eu troupes, & qui proviennent de la dernière réforme, douze cens livres; & les autres le même traitement dont ont joui les Capitaines réformés, durant la guerre, qui est de quatre-vingt-dix livres chacun par mois, en passant présens aux revûes des Commissaires des guerres.

Mestres-de-camp & Lieutenans- Les Mestres-de-camp & Lieutenans-colonels entretenus à la suite desdits trois régimens, qui serviront dans les armées, seront payés à raison par mois, de cent cinquante livres au Mestre-de-camp, & cent vingt-cinq livres au Lieutenant-colonel, à l'exception cependant des Mestres-de-camp & Lieutenans-colonels auxquels il auroit été réglé des appointemens différens, dont ils continueront de jouir, en conséquence des ordres particuliers qui leur ont été expédiés.

Les Lieutenans en pied qui ont été compris dans les réformes ordonnées les 30 octobre 1748 & 15 mars 1749, dans lesdits régimens de Royal-Allemand, Wirtemberg & Nassau-Saarbruck, auxquels il a été accordé des appointemens de réforme par rapport à l'ancienneté de leurs services, & qui ont été choisis pour remplir des places de Cornettes ordonnés le 8 septembre 1756, sous le titre de Lieutenant en second, continueront de recevoir leurs appointemens de réforme, indépendamment de ceux de quarante-cinq sols par jour réglés à chaque Cornette; & ce jusqu'à ce qu'ils soient remplacés à des Lieutenances en pied, & alors leursdits appointemens de réforme demeureront éteints.

Les Cornettes réformés qui auront été Maréchaux-des-logis, & entretenus à la suite desdits trois régimens en qualité de Lieutenans réformés, & qui ont été ou seront nommés auxdites places de Cornettes ordonnés le 8 septembre 1756, jouiront des appointemens de quarante-cinq sols par jour qui y sont attachés; & ceux de trois cens livres par an qu'ils avoient comme Lieutenans réformés, seront supprimés du jour qu'ils auront été nommés auxdites Cornettes: Voulant Sa Majesté que ceux desdits Lieutenans réformés qui ne se feront pas présentés pour lesdites places de Cornettes, ou qui n'auront pas été jugés capables d'y être nommés, cessent de jouir de leurs appointemens de réforme, comme il est dit ci-dessus à l'article de la Cavalerie françoise.

SA MAJESTÉ ayant jugé à propos, par son ordonnance du premier février 1758, de changer

LIÉGEOISE de RAUGRAVE.

Compagnies.

État-major.

Capitaines réformés à la suite du régiment de Raugrave.

RÉGIMENT de CAVALERIE LÉGÈRE de CORSE.

Compagnies.

la composition & le titre du régiment des Volontaires-Liégeois, pour en former un régiment de Cavalerie de huit compagnies de quarante Maîtres chacune, sous la dénomination de *Régiment de Cavalerie Liégeoise*, avec le nom du Mestre-de-camp. Elle entend qu'il soit payé, savoir;

Chaque compagnie, à raison par jour, de six livres au Capitaine, trois livres au Lieutenant, quarante-cinq sols au Cornette, vingt-six sols huit deniers au Maréchal-des-logis, douze sols au Fourrier, neuf sols à chaque Brigadier, & sept sols à chaque Cavalier & au Trompette ou Timbalier où il doit y en avoir.

L'État-major dudit régiment, continuera d'être payé sur le pied par jour, de treize livres six sols huit deniers au Mestre-de-camp, dix livres au Lieutenant-colonel, tant pour leurs appointemens en ladite qualité, que pour leur tenir lieu de ceux de Capitaine, ne devant point avoir de compagnie; huit livres dix sols au Major, trois livres à l'Aide-major, trente sols à l'Aumônier, & treize sols quatre deniers au Chirurgien.

Les Capitaines réformés qui étoient entretenus à la suite dudit régiment avant les augmentations ordonnées les 20 novembre 1756 & premier février 1758, & qui pourroient s'y trouver encore, n'ayant point été remplacés, continueront de jouir de trois livres d'appointemens chacun par jour, au lieu du traitement qui leur étoit réglé par l'ordonnance du premier février 1751, & ce jusqu'à ce qu'ils aient été nommés à des compagnies.

LE régiment de Cavalerie légère de Corse, créé par ordonnance du 29 avril 1757, & composé de cent cinquante Maîtres montés, en six compagnies de vingt-cinq Maîtres chacune, sera payé, savoir;

Chaque compagnie, sur le pied par jour, de cinq livres au Capitaine, quarante sols au Lieutenant, vingt sols au Maréchal-des-logis, douze sols au Fourrier, que Sa Majesté veut bien établir dans chacune des compagnies dudit régiment, & dont il sera payé à compter du jour

jour qu'il paſſera en revûe, huit ſols à chacun des deux Brigadiers, & ſept ſols à chacun des vingt-deux Cavaliers, y compris le Trompette & le Timbalier où il doit y en avoir.

L'État-major dudit régiment, ſera payé ſur le pied par jour, de dix livres au Meſtre-de-camp, & huit livres au Lieutenant-colonel, leſquels n'auront point de compagnie; ſix livres au Major, trois livres ſix ſols huit deniers à l'Aide-major, vingt ſols à chacun des Aumônier & Chirurgien, & vingt-ſix ſols huit deniers au Porte-bannière. *État-major.*

CHACUN des deux régimens de Huſſards de Berchiny & Turpin, compoſé de neuf cens hommes, au moyen de l'incorporation qui y a été faite de celui de Polleresky, en conſéquence de l'ordonnance du 5 mai 1758, & formant ſix eſcadrons en douze compagnies de ſoixante-quinze hommes chacune, à raiſon de deux compagnies par eſcadron. *HUSSARDS.*

Chacune deſdites compagnies, compoſée d'un Capitaine, un premier Lieutenant, un ſecond Lieutenant, un Cornette, deux Maréchaux-des-logis, un Fourrier, ſix Brigadiers, ſoixante-ſept Huſſards, & un Trompette ou Timbalier où il doit y en avoir, ſera payée ſur le pied par jour, de ſix livres au Capitaine, trois livres au premier Lieutenant, cinquante ſols au ſecond Lieutenant, quarante-cinq ſols au Cornette, vingt-ſix ſols huit deniers à chacun des Maréchaux-des-logis, douze ſols au Fourrier, neuf ſols à chacun des Brigadiers, & ſept ſols à chacun des Huſſards, Trompette & Timbalier. *Compagnies.*

L'État-major de chacun deſdits régimens de Berchiny & Turpin, compoſé d'un Meſtre-de-camp, d'un Lieutenant-colonel, du Lieutenant-colonel en ſecond, provenant de l'incorporation des régimens Huſſards qui ont été ſupprimés, qui ſera le ſervice en ladite qualité de Lieutenant-colonel en ſecond, & commandera le régiment après le Lieutenant-colonel titulaire; d'un Major, un Aide-major, un ſecond Aide-major, un Aumônier & un *État-major.*

Chirurgien, sera payé à raison de treize livres six sols huit deniers par jour au Mestre-de-camp, dix livres au Lieutenant-colonel, tant pour leurs appointemens en leurdite qualité, que pour leur tenir lieu de ceux de Capitaine, ne devant point avoir de compagnie; huit livres six sols huit deniers au Lieutenant-colonel en second, huit livres dix sols au Major, trois livres à l'Aide-major, pareilles trois livres au second Aide-major, trente sols à l'Aumônier, & treize sols quatre deniers au Chirurgien, qui a été conservé à la paix.

Lieutenans-colonels en second de Hussards, provenant de l'incorporation des régimens supprimés.

Entend Sa Majesté que les Lieutenans-colonels en second desdits deux régimens de Hussards, soient remplacés à la Lieutenance-colonelle de celui où ils sont chacun attachés, quand elle viendra à vaquer; & alors la place & les appointemens ci-dessus de Lieutenant-colonel en second seront supprimés.

Capitaines réformés à la suite des régimens de Hussards, provenant de l'incorporation.

Les quatre Capitaines en pied & les trois Majors qui n'ont pû être conservés dans les trois régimens restés sur pied, lors de l'incorporation des régimens de Lynden, Beausobre & Ferrary, & qui ont été entretenus tous les sept en qualité de Capitaines réformés à la suite des régimens de Berchiny, Turpin & Polleresky, & qui le sont actuellement à la suite de ceux de Berchiny & de Turpin, recevront chacun cinq livres d'appointemens par jour; & ce en attendant leur remplacement aux premières compagnies vacantes dans les régimens où ils sont attachés: Voulant Sa Majesté qu'ils y soient nommés suivant leur rang entre eux, & de préférence aux autres Capitaines réformés qui peuvent se trouver dans lesdits régimens.

Capitaines réformés aux régimens de Hussards, autres que ceux ci-dessus.

Les Capitaines réformés qui étoient à la suite des régimens de Lynden, Beausobre & Ferrary avant l'incorporation, ainsi que ceux qui étoient à la suite du régiment de Polleresky, & qui sont actuellement distribués dans les régimens de Berchiny & Turpin, & ceux du même grade qui se sont trouvés attachés à ces deux derniers régimens lors de ladite incorporation, seront payés à raison de trois livres d'appointemens par jour, au lieu du traitement qui leur étoit réglé par l'ordonnance du premier février 1751, & ce jusqu'à ce qu'ils aient été choisis pour remplir des compagnies.

L'intention de Sa Majesté est que les Lieutenans, Lieutenans en second ou Cornettes des régimens Hussards de Berchiny & de Turpin, qui sont ou pourront être prisonniers de guerre, soient remplacés par d'autres Officiers qui seront nommés à leurs charges en attendant leur échange, après lesquels il reprendront leurs emplois, & que les Lieutenans, Lieutenans en second ou Cornettes qui remplaceront les prisonniers de guerre, soient payés des mêmes appointemens dont jouissent les Officiers en pied, & qu'après le retour des Officiers prisonniers de guerre, ils continuent de servir à la suite desdits régimens jusqu'à ce qu'ils aient été remplacés aux premiers emplois vacans, voulant Sa Majesté qu'il ne soit nommé aucun Officier nouveau que ceux-ci n'aient été remplacés.

LE régiment Royal-Nassau de Cavalerie légère Allemande, porté par ordonnance du 14 juin 1758, à six cens hommes, formant quatre escadrons de cent cinquante hommes chacun, en sept compagnies, dont la première de cent cinquante hommes, & les six autres de soixante-quinze, sera payé, savoir ;

La première compagnie de cent cinquante hommes, qui sera commandée par le Mestre-de-camp-lieutenant, sur le pied par jour, de six livres au Capitaine, de pareilles six livres au Capitaine en second, trois livres à chacun des deux Lieutenans en premier, cinquante sols à chacun des deux Lieutenans en second, quarante-cinq sols à chacun des deux Cornettes, vingt-six sols huit deniers à chacun des quatre Maréchaux-des-logis, douze sols à chacun des deux Fourriers, neuf sols à chacun des douze Brigadiers, & sept sols à chacun des cent trente-quatre Cavaliers, un Trompette & un Timbalier.

Chacune des six autres compagnies de soixante-quinze hommes, sur le pied par jour, de six livres au Capitaine, trois livres au Lieutenant en premier, cinquante sols au Lieutenant en second, quarante-cinq sols au Cornette, vingt-six sols huit deniers à chacun des deux Maréchaux-des-logis, douze sols au Fourrier, neuf sols à chacun des six Brigadiers, & sept sols à chacun des soixante-sept Cavaliers & au Trompette.

État-major.   L'État-major dudit régiment, sera payé sur le pied par jour, de trois livres six sols huit deniers au Mestre-de-camp-lieutenant, indépendamment des ses appointemens de Capitaine de sa première compagnie; dix livres au Lieutenant-colonel, tant pour ses appointemens en cette qualité, que pour lui tenir lieu de ceux de Capitaine, ne devant point avoir de compagnie; huit livres dix sols au Major, trois livres à l'Aide-major, trente sols à l'Aumônier, treize sols quatre deniers au Chirurgien, & vingt sols au Prevôt.

DRAGONS.   CHACUN des seize régimens de Dragons, mis par ordonnance du 18 août 1755, à quatre escadrons de cent soixante hommes chacun, en quatre compagnies de quarante Dragons montés, faisant en total six cens quarante hommes par régiment, recevront leurs appointemens & *Compagnies.* solde, savoir; chacune des seize compagnies de chaque régiment, composée d'un Capitaine, un Lieutenant, un Cornette dont il sera ci-après parlé, un Maréchal-des-logis, un Fourrier, deux Brigadiers, trente-six Dragons & un Tambour, sera payée à raison par jour, de quatre livres dix sols au Capitaine, quarante sols au Lieutenant, vingt sols au Maréchal-des-logis, dix sols six deniers au Fourrier, sept sols six deniers à chaque Brigadier, & six sols six deniers à chaque Dragon & au Tambour.

Cornettes.   Le Cornette établi par ordonnance du 5 janvier 1757, en chaque compagnie, à la réserve de la compagnie Générale du régiment Colonel général des Dragons, & de la compagnie du Mestre-de-camp général desdits Dragons, en chacune desquelles il y en a un en charge, recevra trente sols par jour d'appointemens,

Officiers en charge dans les   Le Sous-lieutenant & le Cornette entretenus dans la compagnie

compagnie Générale du Colonel général des Dragons, *régimens du Co-*
& le Cornette aussi entretenu dans la compagnie Mestre- *lonel & Mestre-*
de-camp du régiment Mestre-de-camp général desdits *de-camp général*
Dragons, seront payés à raison par jour, de trente-trois *des Dragons.*
sols quatre deniers au Sous-lieutenant, & de trente sols
à chaque Cornette.

L'État-major de chaque régiment, sera payé à raison *État-major.*
par jour, de dix livres au Mestre-de-camp, huit livres six
sols huit deniers au Lieutenant-colonel, tant pour leurs
appointemens en leurdite qualité, que pour leur tenir
lieu de ceux de Capitaine, ne devant point avoir de
compagnie; cinq livres au Major, dont dix sols de supplément; trois livres à l'Aide-major, dont dix sols de
supplément; pareilles trois livres à l'Aide-major en second,
& trente sols à l'Aumônier.

Le sieur Marquis de Pons, Mestre-de-camp-lieutenant *Mestre-de-camp*
en second du régiment de Dragons d'Orléans, conti- *en second du ré-*
nuera d'être payé sur le pied de cent soixante-six livres *giment de Dra-*
treize sols quatre deniers par mois, pour ses appointe- *gons d'Orléans.*
mens en ladite qualité, en passant présent aux revûes des
Commissaires des guerres.

Le Colonel & le Mestre-de-camp général des Dragons,
qui conservent chacun leur compagnie, continueront de
recevoir, indépendamment de leurs appointemens de
Capitaine, les dix livres par jour qui leur sont attribuées
en qualité de Mestre-de-camp.

Le Capitaine qui commandoit les quatre compagnies *Anciens Com-*
à pied de chaque régiment de Dragons, & qui a passé *mandans des*
à une des compagnies à pied, après leur décomposition, *compagnies à*
pour en former une de celles remontées & augmentées *pied de Dragons.*
par ladite ordonnance du 18 août 1755, continuera de
recevoir, indépendamment de ses appointemens de Capitaine, deux livres trois sols quatre deniers par jour, à
titre de supplément d'appointemens, jusqu'à ce qu'il passe
à un autre grade dont le traitement ne sera point infé-
rieur, & celui qui lui succèdera à sa compagnie, ne
recevra que les appointemens ordinaires de Capitaine.

Y

Le sieur Lemaire, qui a eu pendant la dernière guerre une commission de Capitaine pour commander la compagnie de Castellane dans le régiment de Dragons d'Orléans, pendant l'absence du titulaire, continuera de jouir de cinquante sols d'appointemens par jour, en passant présent aux revûes des Commissaires des guerres, jusqu'à ce qu'il soit pourvû d'une compagnie.

Volontaires de Schomberg.

LE régiment de Cavalerie légère des Volontaires de Schomberg, porté par ordonnance du premier février 1758, à quatre cens quatre-vingts hommes, en six brigades de quatre-vingts hommes montés chacune, sera payé, savoir;

Brigades.

Chacune des six brigades sur le pied par jour, de treize livres au Capitaine, y compris vingt sols de supplément; quatre livres seize sols huit deniers au Capitaine en second, trois livres six sols huit deniers au Lieutenant en premier, deux livres treize sols quatre deniers au Lieutenant en second, quarante-cinq sols au Cornette, trente sols à chacun des deux Maréchaux-des-logis, huit sols à chacun des quatre Brigadiers, sept sols à chacun des quatre Sous-brigadiers, six sols à chacun des soixante-dix Volontaires, & dix sols à chaque Trompette.

État-major.

L'État-major dudit régiment sera payé sur le pied par jour, de trente-neuf livres six sols huit deniers au Mestre-de-camp, qui n'aura point de compagnie; treize livres au Major, cinq livres dix sols à l'Aide-major, quarante-trois sols quatre deniers à l'Auditeur, pareils quarante-trois sols quatre deniers à l'Aumônier, trois livres au Chirurgien-major, trente sols au Maréchal-des-logis tenant lieu de Fourrier, quarante sols au Prevôt, & pareils quarante sols au Timbalier & à chacun des quatre Hautbois, vingt-six sols huit deniers au maître Charpentier, & vingt-trois sols quatre deniers à chacun des six Charpentiers.

Appointemens du Lieutenant-colonel du régiment de Schomberg.

Sa Majesté ayant jugé à propos de régler par une décision particulière du 16 mars 1757, qu'à compter dudit jour il seroit retenu en faveur & pendant la vie du sieur Lefort, ci-devant Lieutenant-colonel du régiment des Volontaires de Schomberg, la somme de trois mille livres par an sur les appointemens de la Lieutenance-colonelle. Elle auroit consenti en même-temps à ce que le sieur de Cholet, qui lui a succédé dans cette charge, conservât la brigade qu'il avoit dans ledit régiment ; à l'effet de quoi Elle ordonne que cette somme de trois mille livres sera prélevée sur les six mille deux cens quarante livres d'appointemens par an, attachées à ladite charge de Lieutenant-colonel, & payée, à compter dudit jour 16 mars 1757, au sieur Lefort, sur les ordres particuliers que Sa Majesté fera expédier à cet effet.

Et que tant que cette retenue aura lieu, ledit sieur de Cholet ne reçoive que neuf livres par jour pour ses appointemens de Lieutenant-colonel, indépendamment de son traitement de Capitaine chef de brigade, dont lui & ses successeurs en ladite charge de Lieutenant-colonel, jouiront jusqu'à ce que ladite retenue cesse ; son intention étant qu'alors lesdits appointemens soient rétablis à dix-sept livres six sols huit deniers par jour, & que ceux qui rempliront cette charge les reçoivent sur ce pied, en observant qu'ils ne devront plus avoir de brigade ; conformément à l'ordonnance du 8 janvier 1751.

Au moyen du traitement réglé ci-dessus aux Capitaines chefs de brigade, Sa Majesté entend qu'ils ne puissent rien retenir sur la solde des Brigadiers, Sous-brigadiers, Trompettes & Volontaires, soit pour le ferrage des chevaux ou quelque autre chose que ce soit, qui demeurera à la charge desdits Capitaines : Ordonne Sa Majesté qu'ils soient tenus de fournir par année, à chacun des hommes de leur brigade, une paire de souliers, deux chemises, un col, & ce qu'il a été d'usage jusqu'à présent de leur donner, indépendamment de leur solde.

Veut Sa Majesté que les quatre Carabiniers qui sont en chacune des compagnies des cinquante-cinq régimens de Cavalerie françoise & des régimens étrangers de Filtz-james, Royal-Allemand, Wirtemberg, Nassau-Saarbruck

& Raugrave, les quatre plus anciens Carabiniers de chacune des compagnies des cinq brigades du régiment
Royal-des-Carabiniers, & les quatre plus anciens Dragons
de chaque compagnie, continuent de jouir d'un supplément de paye de six deniers chacun par jour, dont le
décompte leur sera fait avec celui de leur solde.

Il sera donné, outre la solde ci-dessus, qui sera payée
sans aucun retranchement, douze deniers par jour, dont
deux deniers de supplément pour chaque Brigadier,
Fourrier, Cavalier, Carabinier, Hussard, Volontaire,
Dragon, Trompette, Timbalier & Tambour, dont le
fonds restera entre les mains du Trésorier, pour composer
une Masse toûjours complète, destinée à l'habillement
desdites troupes; de laquelle le Trésorier donnera ses
reconnoissances à la fin de l'année, au Major ou autre
Officier chargé du détail desdits régimens & brigades,
l'une à titre de Grosse-Masse, sur le pied de huit deniers
par Brigadier, Fourrier, Cavalier, Carabinier, Hussard,
Volontaire, Dragon, Trompette, Timbalier & Tambour;
& l'autre à titre de Petite-Masse, pour les quatre deniers
restans: laquelle Masse sera payée sur la main-levée du
Directeur ou Inspecteur général dans le département
duquel lesdits régimens, brigades ou compagnies se trouveront, visée des Colonels généraux de la Cavalerie &
des Dragons.

AUGMENTATIONS DE TRAITEMENT
*que Sa Majesté a accordé aux Officiers de
Cavalerie, Carabiniers, Hussards & Dragons,
à commencer du premier janvier 1758.*

GRATIFICATIONS ANNUELLES
*attachées au rang des Capitaines & aux charges des
Majors & Aides-majors.*

Au premier Capitaine de chacun des cinquante-cinq
régimens de Cavalerie françoise, de celui de Filtzjames,
des régimens Royal-Allemand, Wirtemberg, Nassau &
Raugrave

Raugrave Liégeois, & des régimens de Huſſards, y compris celui de Royal-Naſſau, la ſomme de quatre cens livres.

Au ſecond Capitaine de chacun deſdits régimens, la ſomme de trois cens livres, pareille ſomme de trois cens livres au troiſième Capitaine du régiment Colonel général de la Cavalerie qui a trois eſcadons.

Aux Majors de chacun des cinquante-cinq régimens de Cavalerie françoiſe, & de celui de Filtzjames, la ſomme de cent quarante livres, indépendamment de la gratification de cinq cens livres attachée à ſa charge ; & à l'Aide-major, deux cens vingt livres.

A chacun des Aides-majors des régimens Royal-Allemand, Wirtemberg, Naſſau & Raugrave, des deux régimens de Huſſards, & de celui de Royal-Naſſau, la ſomme de trois cens vingt livres.

A chacun des cinq Meſtres-de-camp, commandant les cinq brigades du régiment Royal-des-Carabiniers, la ſomme de ſix cens livres, comme premier Capitaine, indépendamment de la gratification de mille livres dont il jouit en ladite qualité de Meſtre-de-camp.

A chacun des cinq Lieutenans-colonels deſdites brigades, la ſomme de cinq cens livres, comme ſeconds Capitaines, indépendamment de la gratification de huit cens livres dont il jouit en ladite qualité de Lieutenant-colonel.

Au Capitaine de la troiſième compagnie de chacune deſdites brigades, la ſomme de quatre cens livres, indépendamment de la gratification de cinq cens livres, dont il jouit comme tous les Capitaines du régiment.

D R A G O N S.

Au premier Capitaine de chacun des ſeize régimens de Dragons, la ſomme de trois cens livres.

Au ſecond Capitaine de chacun deſdits régimens, la ſomme de deux cens livres.

Et au premier & ſecond Aide-majors de chacun deſdits régimens, la ſomme de cent vingt livres.

Z

A l'égard des Majors, Sa Majesté leur ayant accordé un supplément d'appointemens, ils continueront de jouir sans augmentation, de la gratification de quatre cens livres attachée à leur charge.

PLACES D'USTENSILE.

Deux places d'ustensile d'augmentation à chaque Capitaine de toutes les troupes à cheval, qui ont part à l'ustensile; pareilles deux places à chaque Lieutenant, une place à chaque Cornette, & une place à chaque Maréchal-des-logis, & la distribution en sera faite ainsi qu'il est expliqué ci-après à l'article de l'ustensile.

SUPPLÉMENT D'APPOINTEMENS
aux Majors & Aides-majors de Cavalerie françoise, du régiment de Filtzjames, & de Dragons.

Les Majors & Aides-majors des cinquante-cinq régimens de Cavalerie françoise, du régiment Irlandois de Filtzjames, & des régimens de Dragons, jouiront en tout temps, paix ou guerre, du supplément d'appointemens de deux cens livres à chaque Major, & de cent livres à chaque Aide-major, qu'ils avoient seulement pendant la paix, & dont ils étoient payés par des ordres particuliers.

REMONTE.

La remonte qui étoit ci-devant payée en temps de guerre aux Capitaines des régimens de Cavalerie & de Dragons, sur le pied de huit cens livres par compagnie de quarante chevaux dans la Cavalerie, sera augmentée de quatre cens livres pour la porter à douze cens livres; & celle de Dragons qui étoit pareillement de huit cens livres par compagnie de quarante chevaux, sera augmentée de deux cens quarante livres pour la porter à mille quarante livres.

Les compagnies des régimens de Hussards & celles à cheval des Troupes légères, auront l'augmentation de remonte, suivant leur composition dans la proportion de celle ci-dessus réglée pour les Dragons.

Veut & ordonne Sa Majesté, qu'il ne soit fait aucune avance aux Troupes, sous quelque raison & pour quelque prétexte que ce puisse être; défendant Sa Majesté aux Intendans des provinces de son royaume, & aux Commissaires des guerres, de donner aucun ordre à cet effet, & aux Commis de l'Extraordinaire des guerres, de ne rien payer aux troupes au-delà de ce qui leur est réglé par la présente ordonnance, à peine d'en répondre en leur propre & privé nom; Sa Majesté dérogeant pour raison desdites avances, à ce qui est porté par ses or-donnances des premier & 3 juillet 1749, premier & 3 décembre 1750, & premier janvier 1752: permettant seulement Sa Majesté auxdits Intendans & Commissaires des guerres, d'expédier des ordres pour faire donner des guêtres & des souliers à des recrues, dans un cas de nécessité indispensable dont ils se rendront certains, & il ne pourra être donné d'argent à cet effet, qu'à l'Officier, Sergent ou Soldat, chargé de la conduite de la recrue, qui sera muni d'un billet de l'Officier chargé du détail du régiment, justifiant le corps où il sert, & la signature de ce billet sera certifiée par le Trésorier du lieu où sera la troupe. *Défenses de faire aucune avance aux Troupes.*

Les Commissaires des guerres continueront de faire leurs revûes tous les deux mois aux troupes, & d'en envoyer dans le courant du mois qui suivra celui où ils les auront faites, des extraits au Secrétaire d'État ayant le départe-ment de la guerre; & ils en remettront en même temps de pareilles expéditions à l'Intendant de la Province, au Trésorier de la Place, ainsi qu'aux Munitionnaires des vivres & autres fournisseurs. *Revûe des Commissaires des guerres tous les deux mois.*

Sa Majesté ayant été informée qu'il y auroit eu quelque difficulté pour le décompte des payes de gratification pendant le temps que les troupes marchent par étape; & voulant y pourvoir, Elle ordonne que ce décompte soit fait par les Commis de l'Extraordinaire des guerres, *Décompte des payes de grati-fication pendant le temps de la marche des trou-pes par étape.*

pour le temps que la troupe aura été en route, sur la revûe de l'arrivée de cette troupe au lieu de sa destination, & sur le pied réglé par les précédentes ordonnances.

Sa Majesté jugeant nécessaire qu'il reste à la fin de chacun des douze mois de l'année, quelque argent aux Cavaliers, Carabiniers, Hussards & Dragons, pour s'entretenir de linge, culotte, bas & souliers : Et voulant que les choses demeurent réglées entre les Capitaines & lesdits Cavaliers, Carabiniers, Hussards & Dragons, de manière qu'il n'y ait aucune difficulté sur le décompte à faire entr'eux ; Sa Majesté ordonne que chaque Cavalier & Hussard touche six sols par jour pour sa subsistance, chaque Carabinier sept sols, chaque Cavalier du régiment Irlandois de Filtzjames, huit sols, & chaque Dragon cinq sols six deniers, sur lesquels il sera tenu d'entretenir le ferrage de son cheval ; que le sol de surplus restera entre les mains du Major, de l'Aide-major, ou Officier chargé du détail de chaque corps, qui leur délivrera tous les trois mois les quatre livres dix sols à quoi cela montera, après avoir examiné s'ils sont fournis de linge, culotte, bas & souliers ; & s'ils en manquoient, il leur en sera faire l'emplette sur ce fonds, & leur remettra exactement le restant s'il s'en trouve.

Entend Sa Majesté ne point comprendre dans cette disposition le régiment de Cavalerie des Volontaires de Schomberg, dont les Brigadiers, Sous-brigadiers & Volontaires doivent recevoir leur solde sans aucune déduction.

X V.

OFFICIERS RÉFORMÉS

DANS LES PROVINCES.

LES Colonels & Lieutenans-colonels réformés d'Infanterie françoise, qui par l'ancienneté de leurs services doivent avoir des appointemens, continueront d'en être payés dans les provinces, sur les états & ordres qui seront

expédiés

expédiés à cet effet, sur le pied de neuf cens livres par an à chaque Colonel, & de sept cens livres à chaque Lieutenant-colonel.

Les Mestres-de-camp & Lieutenans-colonels réformés de Cavalerie, retirés dans les provinces, auxquels Sa Majesté a accordé des appointemens, continueront d'en être payés sur les états & ordres qui seront expédiés à cet effet. *Mestres-de-camp & Lieutenans-colonels de Cavalerie françoise.*

Les Mestres-de-camp & Lieutenans-colonels réformés de Dragons, qui doivent avoir aussi des appointemens par l'ancienneté de leurs services, seront payés dans leur province, suivant les états & ordres qui seront envoyés, sur le pied de deux mille livres par an à chaque Mestre-de-camp qui a eu un régiment, mille livres à chacun des autres, & six cens livres à chaque Lieutenant-colonel. *Mestres-de-camp & Lieutenans-colonels de Dragons.*

Les Officiers réformés, tant d'Infanterie que de Cavalerie & de Dragons, entretenus dans les Places en qualité de Partisans, seront payés en passant présens aux revûes, des appointemens qui leur ont été réglés suivant les états & ordres signés du Secrétaire d'État ayant le département de la guerre. *Officiers réformés, Partisans d'Infanterie, Cavalerie & Dragons, entretenus dans les Places.*

Les Capitaines & Lieutenans réformés d'Infanterie, de Cavalerie & de Dragons, ci-devant attachés à la suite des régimens, ou entretenus à la résidence des Places, qui ont été renvoyés dans leur province, continueront d'y être payés de leurs appointemens, sur les états qui seront envoyés tous les six mois aux Intendans desdites provinces, ainsi qu'il s'est pratiqué par le passé. *Capitaines & Lieutenans réformés d'Infanterie, de Cavalerie & de Dragons, renvoyés dans leur province.*

X V I.

F O U R R A G E.

LES Officiers des régimens & corps de troupes, tant d'Infanterie Françoise, Suisse, Allemande, Italienne, Irlandoise & Écossoise, que de la Gendarmerie, Cavalerie françoise & étrangère, Carabiniers, Hussards, Dragons, & de Troupes légères, qui serviront dans les Armées, commenceront à avoir du fourrage d'hiver, à compter de l'époque qui en sera fixée, jusqu'au temps que lesdites troupes se mettront en campagne, sur le pied ci-après expliqué.

Composition de la ration de fourrage d'Infanterie.

La ration de fourrage d'Infanterie Françoise, Suisse, Allemande, Italienne, Irlandoise & Écossoise, & Troupes légères à pied, sera composée de douze livres de foin & de huit livres de paille, ou de seize livres de foin sans paille où il n'y en aura point, & d'un demi-boisseau d'avoine, mesure de Paris; & il en sera délivré, savoir;

INFANTERIE FRANÇOISE.

Fourrages.

Pour les Officiers d'Infanterie françoise, quatre rations par jour à chaque Capitaine en pied, pareil nombre de quatre rations à chaque Capitaine en second ci-devant en pied, provenant de la réforme de 1748, & qui tient

Compagnies.

lieu de Lieutenant aux compagnies; & deux rations à chaque Lieutenant, Sous-lieutenant & Enseigne, même aux Lieutenans en second & Sous-lieutenans que Sa Majesté a bien voulu conserver sans appointemens dans les compagnies de Fusiliers de son régiment d'Infanterie, par ordonnances des 20 février 1749 & 8 novembre

État-major.

1750 : Et pour l'État-major, dix rations par jour à chaque Colonel de régiment, sans compagnie; sept rations au Lieutenant-colonel, aussi sans compagnie; six rations au Commandant de chacun des second, troisième & quatrième bataillons, qui n'ont point aussi de compagnie; cinq rations au Major, trois rations à l'Aide-major, une ration à l'Aumônier, & une ration au Prevôt des régimens qui ont Prevôté; les Chirurgiens & Maréchaux-des-logis n'en devant point avoir.

Colonel-lieutenant du régiment du Roi, & Colonels en second.

Au Colonel-lieutenant du régiment d'Infanterie de Sa Majesté, qui conserve sa compagnie, six rations par jour, outre celles qui lui sont attribuées en qualité de Capitaine; huit rations au sieur Chevalier de Beauveau, Colonel en second du régiment des Gardes de Lorraine; & pareilles huit rations au Vicomte de Vence, Colonel en second du régiment Royal-Corse.

Officiers réformés

A l'égard des Officiers réformés à la suite des régimens

d'Infanterie françoise, ils auront du fourrage, sur le pied par jour, de six rations à chaque Colonel, quatre rations à chaque Lieutenant-colonel, deux rations à chaque Capitaine, & une ration à chaque Lieutenant. *d'Infanterie françoise.*

Pour le corps des Grenadiers de France, quatre rations de fourrage par jour à chaque Capitaine, & deux rations à chaque Lieutenant en premier, Lieutenant en second & Enseigne : Et pour les Officiers de l'État-major, douze rations à l'Inspecteur-commandant en chef du corps; dix rations au sieur de Lanjamet, Commandant en second dudit corps; huit rations aussi par jour à chaque Colonel, & sept rations à chaque Lieutenant-colonel, pendant le temps seulement que lesdits Colonels & Lieutenans-colonels seront de service audit corps; cinq rations à chaque Sergent-major, & trois rations à chaque Aide-major. *Corps des GRENADIERS de FRANCE. Fourrage. État-major.*

Sa Majesté ayant bien voulu accorder du fourrage *gratis* aux Officiers des régimens de Royal-Lorraine & Royal-Barrois, dans le cas où elle en fait fournir aux Officiers de ses troupes d'Infanterie, cette fourniture leur sera faite sur le pied par jour, de quatre rations à chaque Capitaine en pied & Capitaine en second, & deux rations à chaque Lieutenant en premier, Lieutenant en second ou Enseigne : Et pour l'État-major, dix rations au Colonel, sept au Lieutenant-colonel, qui ne doivent point avoir de compagnies; cinq rations au Major, trois à l'Aide-major, & une à l'Aumônier & au Prévôt. *ROYAL-LORRAINE & ROYAL-BARROIS. Compagnies. État-major.*

Pour le Corps Royal de l'Artillerie, les Officiers de chacune des compagnies d'Ouvriers, Canonniers & Bombardiers, recevront du fourrage sur le pied par jour, savoir, de quatre rations à chacun des Capitaine en premier & Capitaine en second, & deux rations à chacun des premier Lieutenant, Lieutenant en second & Sous-lieutenant. A l'égard des Officiers de l'État-major de chaque brigade, le fourrage leur sera délivré à raison par jour, de douze rations au Chef de brigade, dix rations au Colonel qui n'aura point de compagnie, sept rations au *Corps ROYAL de l'ARTILLERIE Fourrage. Compagnies d'Ouvriers, Canonniers & Bombardiers. État major.*

Lieutenant-colonel, aussi sans compagnie ; cinq rations au Major, trois rations à l'Aide-major, deux rations au Sous-aide-major, & une ration au Garçon-major & à l'Aumônier.

Compagnies de Sappeurs. Chaque compagnie de Sappeurs aura du fourrage pour les Officiers, sur le pied par jour, de quatre rations au Capitaine, & deux rations à chacun des Lieutenans en premier & deux Lieutenans en second.

Compagnies de Mineurs. Et chaque compagnie de Mineurs du même corps de Royal-Artillerie, à raison par jour, de quatre rations au Capitaine en premier, & pareil nombre de quatre rations au Capitaine en second, & deux rations à chacun des deux Lieutenans en premier & deux Lieutenans en second.

MILICES. Ceux des Officiers des régimens de Grenadiers-royaux & des cent cinq bataillons de Milices des provinces du royaume, que Sa Majesté voudra, dans le cas de guerre, *Fourrage.* faire camper & servir en campagne dans ses armées, auxquels Elle jugera à propos d'accorder du fourrage d'hiver, dont Sa Majesté fixera l'époque que lesdits Officiers commenceront à en avoir, comme il est dit à l'article de l'Infanterie françoise, le recevront sur le pied par jour, savoir;

RÉGIMENS de GRENADIERS ROYAUX. *Compagnies de Grenadiers & de Grenadiers-postiches.* Pour les Officiers des régimens des Grenadiers-royaux, à raison de quatre rations à chacun des Capitaines de Grenadiers & de Grenadiers-postiches, deux rations à chacun des premier & second Lieutenans de Grenadiers, pareille quantité de deux rations à chaque Lieutenant de Grenadiers-postiches, & à chacun des deux seconds Lieutenans qui ont été établis par l'ordonnance du 5 décembre 1756, aux Grenadiers-postiches des deux premières compagnies de chacun desdits régimens de Grenadiers-royaux, pour porter les drapeaux.

Compagnies de Fusiliers des bataillons de Milice. Pour les Officiers des compagnies de Fusiliers de chaque bataillon de Milice, à raison par jour, de trois rations de fourrage à chaque Capitaine, & deux rations à chaque Lieutenant.

État-major des régimens A l'égard des Officiers de l'État-major de chacun des régimens

régimens de Grenadiers-royaux, ils recevront du fourrage, *de Grenadiers-royaux.* à raison par jour, de dix rations à chaque Colonel qui ne doit point avoir de compagnie ; sept rations au Lieutenant-colonel, aussi sans compagnie ; cinq rations au Major, & trois rations à l'Aide-major de chaque bataillon.

Les Officiers de l'Etat-major de chacun des régimens *Etat-major des deux régimens de Milices de Lorraine.* de Polignac & de Montureux, des Milices de Lorraine & de Bar, recevront du fourrage sur le pied par jour, de dix rations au Colonel qui ne doit point avoir de compagnie, cinq rations au Major attaché au premier bataillon, six rations au Commandant du second bataillon, & trois rations à l'Aide-major dudit second bataillon.

Et à l'Etat-major des cent un autres bataillons de *Etat-major des cent un autres bataillons de Milice.* Milice, sur le pied par jour, savoir, de sept rations au Commandant de bataillon qui aura le titre de Lieutenant-colonel, & seulement six rations au Commandant qui ne sera point Lieutenant-colonel, & trois rations à l'Aide-major de chaque bataillon.

Sa Majesté ayant bien voulu accorder le fourrage *gratis* *INFANTERIE SUISSE & GRISONNE. Compagnies.* aux Officiers des régimens d'Infanterie Suisse & Grisonne qui sont à son service, dans le cas où ces régimens serviroient dans les armées, & qu'Elle en fera fournir aux Officiers de son Infanterie françoise, son intention est que cette fourniture leur soit faite en passant présens aux revûes des Commissaires des guerres, sur le pied par jour, de quatre rations au Capitaine titulaire, ou en son absence au Capitaine-commandant ; pareilles quatre rations au Capitaine-lieutenant, & deux rations à chacun des Lieutenans, Sous-lieutenans & Enseignes.

Et pour l'Etat-major, six rations au Colonel, trois au *Etat-major.* Lieutenant-colonel, & deux au Commandant du second bataillon, indépendamment de celles qui leur sont attribuées comme Capitaines ; cinq rations au Major, trois à chaque Aide-major, & une à chacun des Aumônier & Prevôt.

Les Officiers des régimens d'Infanterie Allemande, ceux *INFANTERIE ALLEMANDE.* des régimens de Boüillon, Royal-Deux-Ponts, de Vierzet

& d'Horion, créés sur le pied étranger, recevront auffi le fourrage *gratis* dans le cas où ces régimens ferviroient dans les armées, & que Sa Majefté en fera fournir aux Officiers de fon Infanterie françoife, fur le pied par jour, *Compagnies.* de quatre rations au Capitaine en pied, pareilles quatre rations au Capitaine en fecond, & deux rations à chacun des Lieutenant en premier, Lieutenant en fecond, & Sous-lieutenant ou Enfeignes.

État-major. Et pour l'État-major, fix rations au Colonel, trois au Lieutenant-colonel, deux au Commandant de bataillon, indépendamment des rations qui leur font attribuées comme Capitaines; cinq rations au Major, trois à chaque Aide-major, & une à chacun des Aumônier & Prevôt.

Colonel en fecond
du régiment
de Boüillon. Le Colonel en fecond du régiment de Boüillon, recevra huit rations de fourrage par jour.

INFANTERIE
ITALIENNE, Les Officiers des compagnies & État-major des régi-
IRLANDOISE mens d'Infanterie Italienne, Irlandoife & Écoffoife, auront
& du fourrage, fur le pied par jour, favoir, de quatre rations
ÉCOSSOISE. à chaque Capitaine en pied & à chacun des Capitaines en
Fourrage. fecond attachés aux compagnies comme fecond Officier;
Compagnies. quatre rations au Capitaine de Grenadiers réformé, ci-devant en pied & attaché au régiment Royal-Italien; pareille quantité de quatre rations à chaque Capitaine en fecond, ci-devant en pied dans le régiment d'Infanterie Écoffoife d'Albanie, & entretenus dans ceux de Royal-Écoffois & d'Ogilvy, auffi d'Infanterie Écoffoife; & deux rations à chaque Lieutenant en premier, Lieutenant en fecond, Sous-lieutenant & Enfeigne.

État-major. Pour le fourrage des Officiers de l'État-major de chacun defdits régimens d'Infanterie Italienne, Irlandoife & Écoffoife, il leur fera délivré fur le pied par jour, de dix rations à chaque Colonel, fept rations à chaque Lieutenant-colonel, lefquels Colonels & Lieutenans-colonels ne doivent point avoir de compagnie; cinq rations à chaque Major, trois rations à chaque Aide-major, une ration à chacun des Aumôniers, & une ration au Prevôt qui eft en chacun des régimens Royal-Italien, Royal-

Corse, & de ceux de Rothe & Berwick d'Infanterie Irlandoise.

Les Colonels en second qui se trouveront commander lesdits régimens, recevront huit rations de fourrage par jour.

A l'égard des Officiers réformés à la suite desdits régimens d'Infanterie Suisse & Grisonne & d'Infanterie étrangère, ils auront du fourrage, à raison par jour, de six rations à chaque Colonel, quatre rations à chaque Lieutenant-colonel, deux rations à chaque Capitaine, & une ration à chaque Lieutenant. *Officiers réformés à la suite de l'Infanterie Suisse & Grisonne, & d'Infanterie étrangère.*

Veut Sa Majesté qu'il soit fourni une ration de fourrage de Cavalerie par jour, pour la nourriture de chacun des trois chevaux destinés au service des pièces de canon à la Suédoise en chacun des bataillons d'Infanterie françoise & étrangère, & des Troupes légères qui servent dans ses armées.

Et qu'il soit pareillement fourni une ration de fourrage de Cavalerie par jour, pour la nourriture de chacun des chevaux ordonnés pour porter les tentes des Soldats en chacun des bataillons d'Infanterie françoise, de ceux du Corps royal de l'Artillerie, & des compagnies de Mineurs & d'Ouvriers seulement qui serviront aussi dans ses armées.

La ration de fourrage des troupes de la Gendarmerie, Cavalerie françoise & étrangère, Carabiniers, Hussards, Dragons & Troupes légères à cheval, sera composée de quinze livres de foin & de cinq livres de paille, ou de dix-huit livres de foin sans paille où il n'y en aura point, & des deux tiers du boisseau d'avoine, mesure de Paris, dont les vingt-quatre boisseaux font le setier de ladite mesure. *Composition de la ration de fourrage de la Cavalerie & des Dragons.*

L'intention de Sa Majesté est qu'il soit fourni une ration de fourrage par jour à chaque cheval de Gendarme & de Chevau-léger de la Gendarmerie, & de chaque Brigadier, Sous-brigadier, Fourrier, Carabinier, Cavalier, Hussard, Dragon, Volontaire, Chasseur, Timbalier, *Fourrage de la Gendarmerie, Cavalerie & Dragons, pour la nourriture des chevaux de compagnies.*

Trompette & Tambour des compagnies à cheval, les Officiers ne devant avoir qu'une ration chacun, en temps de paix, ainsi qu'il fera expliqué ci-après, en fe conformant à ce qui eft prefcrit par l'article IV de l'ordonnance du 3 juillet 1749, tant pour les Troupes qui doivent être fournies en nature des magafins établis à cet effet, que pour celles qui fe trouveront dans le cas d'avoir la difpofition de leurs fourrages; laquelle fourniture de fourrage auxdites Troupes ne doit avoir lieu que pour le nombre de chevaux préfens & effectifs aux revûes des Commiffaires des guerres.

Et le cas de guerre arrivant, ainfi qu'il eft dit ci-deffus, les Officiers defdites troupes de Gendarmerie, Cavalerie françoife & étrangere, Carabiniers, Huffards, Dragons, & de Troupes légeres à cheval, que Sa Majefté feroit fervir en campagne dans fes armées, recevront le fourrage d'hiver, à commencer du jour qu'Elle leur fixera, fur le pied ci-après, par jour, favoir :

GENDARMERIE.
Fourrage.
Compagnies de Gendarmes.
Les grands Officiers des dix compagnies de Gendarmes de la Gendarmerie ne devant point avoir de fourrage, il en fera feulement fourni deux rations à chaque Maréchal-des-logis defdites compagnies.

Compagnies de Chevaux-légers.
Les Officiers des fix compagnies des Chevaux-légers de ladite Gendarmerie, recevront le fourrage, à raifon par jour, de dix rations à chaque Capitaine-lieutenant, quatre rations à chaque Sous-lieutenant, trois rations à chaque Cornette, & deux rations à chaque Maréchal-des-logis.

État-major de la Gendarmerie.
Et pour les Officiers de l'État-major de ladite Gendarmerie, douze rations par jour au Major, huit rations à l'Aide-major, fix rations à chacun des deux Sous-aides-majors, deux rations à chacun des deux Aumôniers, & une ration au Chirurgien.

CAVALERIE FRANÇOISE, IRLANDOISE & LIÉGEOISE.
Fourrage.
Pour les régimens de Cavalerie françoife, celui de Filtzjames Irlandois, & celui de Raugrave de Cavalerie Liégeoife, fix rations de fourrage par jour à chaque Capitaine, quatre rations à chaque Lieutenant, pareille quantité de quatre rations au Sous-lieutenant qui eft en

la

la compagnie Colonelle du régiment du Colonel géné- *Compagnies.*
ral de la Cavalerie, trois rations à chaque Cornette, &
deux rations à chaque Maréchal-des-logis.

Et pour les Officiers de l'État-major desdits régimens *État-major*
de Cavalerie Françoise, Irlandoise & Liégeoise, six rations *de Cavalerie*
aux Mestres-de-camp de chacun des régimens du Colonel *Françoise,*
général, Mestre-de-camp général & Commissaire général *Irlandoise*
de la Cavalerie, qui conservent leur compagnie; & ce *& Liégeoise.*
en leurdite qualité de Mestres-de-camp, & indépendamment des rations qu'ils reçoivent comme Capitaine;
douze rations à chacun des autres Mestres-de-camp, y
compris ceux du régiment de Filtzjames & de Raugrave-
Liégeois, tant pour leur fourrage en leurdite qualité,
que pour leur tenir lieu de celui attribué aux Capitaines,
ne devant point avoir de compagnie; dix rations à chaque
Lieutenant-colonel desdits régimens, tous aussi sans avoir
de compagnie; huit rations à chaque Major, quatre rations
à chaque Aide-major, & une ration à l'Aumônier & au
Chirurgien de chaque régiment. A l'égard des Capi- *Officiers réfor-*
taines qui ont eu troupe, & qui se sont trouvés dans le *més de Cavalerie*
cas de la réforme de 1748 & 1749, & sont actuellement *Françoise &*
entretenus à la suite desdits régimens de Cavalerie françoise, *Irlandoise, ci-*
de celui de Filtzjames & de celui de Raugrave, ils auront *devant en pied.*
du fourrage, à raison de six rations par jour à chacun
desdits Capitaines réformés de Cavalerie françoise, & du
régiment de Filtzjames, en passant présens aux revûes.

Les Officiers du régiment des Carabiniers de M. le *CARABINIERS.*
Comte de Provence, recevront le fourrage à raison par *Fourrage.*
jour, de six rations à chaque Capitaine, quatre rations à *Compagnies.*
chaque Lieutenant, trois rations à chaque Cornette, &
deux rations à chaque Maréchal-des-logis, vingt rations au
Mestre-de-camp-lieutenant, dix rations au Major, ayant
rang de Mestre-de-camp: Et pour l'État-major de chacune *État-major.*
des cinq brigades, six rations au Chef de brigade, quatre
rations au Lieutenant-colonel, outre ce que ces deux
Officiers reçoivent en leur qualité de Capitaine d'une
compagnie; six rations à l'Aide-major, quatre rations au

Sous-aide-major, & une ration à chacun des Aumônier & Chirurgien, aussi de chaque brigade.

Pour les régimens Royal-Allemand, Wirtemberg & de Nassau-Saarbruck, de Cavalerie allemande, six rations par jour à chaque Capitaine, quatre rations à chaque Leutenant, trois rations à chaque Cornette, & deux rations à chaque Maréchal-des-logis : Et à l'État-major de chacun desdits régimens, six rations au Mestre-de-camp, & quatre rations au Lieutenant-colonel, indépendamment des rations qu'ils recoivent chacun comme Capitaine d'une compagnie ; huit rations au Major, quatre rations à l'Aide-major, & une ration à chacun des Aumônier & Chirurgien ; en observant que les deux Lieutenans-colonels, deux Majors & deux Aides-majors qu'il y a dans le Régiment de Royal-Allemand, doivent avoir la même quantité de rations de fourrage ci-dessus réglée pour chacun des Officiers de ces trois grades ; dans le régiment Royal-Allemand, deux rations par jour au Maréchal-des-logis dudit régiment, trois rations au Prevôt, deux rations à son Lieutenant, pareille quantité de deux rations au Greffier, & une ration à chacun des quatre Archers & à l'Exécuteur de justice ; & dans le régiment de Wirtemberg, une ration à chacun des Auditeur, Greffier, trois Archers & un Exécuteur de justice.

Les Officiers du régiment de Cavalerie légère de Corse, recevront le fourrage sur le pied par jour, savoir, de six rations au Capitaine, quatre au Lieutenant, deux au Maréchal-des-logis : Et ceux de l'État-major, à raison de douze rations au Mestre-de-camp, dix au Lieutenant-colonel, lesquels n'ont point de compagnie ; huit rations au Major, quatre à l'Aide-major, & une à chacun des Aumônier, Chirurgien & Porte-bannière.

Pour les Officiers des régimens de Hussards, six rations par jour à chaque Capitaine, quatre rations au premier Lieutenant, trois rations au second Lieutenant, pareille quantité de trois rations à chaque Cornette, & deux rations à chaque Maréchal-des-logis : Et pour l'État-major, douze rations à chaque Meftre-de-camp qui ne doit point avoir de compagnie ; dix rations au Lieutenant-colonel, auffi fans compagnie ; huit rations au Lieutenant-colonel en fecond, provenant de l'incorporation des trois régimens qui ont été fupprimés par ordonnance du 30 octobre 1756 ; huit rations au Major, quatre rations à chacun des deux Aides-majors, & une ration à chacun des Aumônier & Chirurgien de chacun defdits régimens. *Lieutenant-colonels en fecond provenant de l'incorporation.*

Et à l'égard des Capitaines ci-devant en pied, & des Majors, provenant de l'incorporation des régimens d'Huffards, & entretenus en qualité de Capitaines réformés à la fuite defdits régimens qui exiftent, ils recevront chacun fix rations de fourrage par jour. *Capitaines réformés provenant de l'incorporation des régimens fupprimés.*

Pour le régiment de Royal-Naffau, fix rations à chaque Capitaine & au Capitaine en fecond de la première compagnie, quatre rations à chaque Lieutenant en premier, trois rations à chaque Lieutenant en fecond, pareille quantité de trois rations à chaque Cornette, & deux rations à chaque Maréchal-des-logis : Et pour les Officiers de l'État-major, fix rations au Meftre-de-camp, indépendamment des fix rations qu'il reçoit comme Capitaine ; dix rations au Lieutenant-colonel qui n'a point de compagnie, huit rations au Major, quatre rations à l'Aide-major, une ration à chacun des Aumônier & Chirurgien, & deux rations au Prevôt. *ROYAL-NASSAU. Fourrage. Compagnies.* *État-major.*

Les Officiers du régiment des Volontaires de Schomberg, recevront le fourrage fur le pied par jour, de fix rations à chaque Capitaine chef de brigade, quatre rations à chacun des Capitaines en fecond & Lieutenant en premier, trois rations à chaque Lieutenant en fecond & Cornette, & deux rations à chaque Maréchal-des-logis : Et pour l'État-major dudit régiment, douze rations au Meftre-de-camp qui ne doit point avoir de brigade, & quatre rations au Lieutenant-colonel, indépendamment de celles qui lui font attribuées comme Chef de brigade ; huit rations au Major, quatre rations à l'Aide-major, & une ration à chacun des dix-fept petits Officiers, qui *VOLONTAIRES de SCHOMBERG. Fourrage. Compagnies.* *État-major.*

doivent tous être montés, savoir, un Auditeur, un Aumônier, un Maréchal-des-logis, un Chirurgien-major, un Prevôt, un Timbalier, quatre Hautbois, un Maître Charpentier & six Charpentiers.

DRAGONS.
Fourrage.
Compagnies. LES Officiers des compagnies & États-majors des régimens de Dragons, recevront le fourrage, à raison par jour, de six rations à chaque Capitaine, quatre rations à chaque Lieutenant, pareilles quatre rations au Sous-lieutenant qui est en la compagnie Générale du régiment du Colonel général, trois rations à chaque Cornette, & deux rations à chaque Maréchal-des-logis:

État-major. Et pour l'État-major, six rations au Colonel général & au Mestre - de - camp général des Dragons, qui conservent chacun leur compagnie; & ce indépendamment des rations qui leur sont attribuées comme Capitaines; douze rations à chacun des autres Mestres - de - camp qui n'ont point de compagnie, dix rations à chaque Lieutenant - colonel, aussi sans compagnie; huit rations à chaque Major, quatre rations à chacun des premier & second Aides - majors, & une ration aussi par jour à chaque Aumônier.

Il sera aussi fourni du fourrage au sieur Comte de Rosen, Mestre-de-camp en second du régiment de Wirtemberg, & au sieur Marquis de Pons, Mestre-de-camp en second du régiment de Dragons d'Orléans, sur le pied par jour, de dix rations à chacun.

Officiers réformés de Cavalerie & de Dragons.
Fourrage. Les Officiers réformés qui auront ordre de servir à la suite des régimens de Cavalerie françoise, étrangère, & de Dragons, à l'exception de ceux du régiment de Filtz-james dont il sera parlé ci-après, recevront le fourrage sur le pied par jour, de six rations à chaque Mestre-de-camp, pareille quantité de six rations à chaque Lieutenant-colonel, quatre rations à chaque Capitaine, & deux rations à chaque Lieutenant.

Officiers réformés du régiment de Filtzjames.
Fourrage. Les Officiers réformés qui auront aussi ordre de servir à la suite du régiment de Cavalerie de Filtzjames, auront le fourrage à raison par jour, de neuf rations à chaque Mestre-de-camp,

Meſtre-de-camp, huit rations à chaque Lieutenant-colonel, cinq rations à chaque Capitaine, & trois rations à chaque Lieutenant.

Les Officiers des compagnies & de l'État-major de la Légion-royale, recevront le fourrage ſur le pied par jour, ſavoir, au Capitaine de la compagnie d'Ouvriers, trois rations d'Infanterie, & deux rations à chacun des Lieutenant, Lieutenant en ſecond & Sous-lieutenant; pour les compagnies de Grenadiers, quatre rations d'Infanterie à chaque Capitaine, & deux rations à chacun des Lieutenant & Lieutenant en ſecond; & pour les compagnies de cent vingt-cinq hommes, dont ſoixante-quinze d'Infanterie & cinquante Dragons montés, ſix rations de Cavalerie au Capitaine titulaire de chacune deſdites compagnies, trois rations d'Infanterie à chaque Capitaine en ſecond des hommes à pied, & deux rations à chaque Lieutenant & Lieutenant en ſecond; quatre rations à chaque Capitaine en ſecond de Dragons, trois rations à chaque Lieutenant & Lieutenant en ſecond, & deux rations à chaque Maréchal-des-logis; au Capitaine de chacune des deux compagnies de Huſſards, cinq rations par jour, & trois rations à chacun des premier & ſecond Lieutenant & au Cornette, & deux rations à chaque Maréchal-des-logis: Et pour l'État-major, douze rations de Cavalerie par jour au Colonel, qui ne doit point avoir de compagnie; huit rations, auſſi de Cavalerie, au Major; trois rations d'Infanterie à chacun des deux Aides-majors des troupes à pied, quatre rations de Cavalerie à chacun des deux Aides-majors de Dragons, & une ration d'Infanterie à chacun des Aumônier, Chirurgien & Prevôt.

Pour les régimens des Volontaires de Flandre & du Haynault, les Officiers de chacune des compagnies de ſoixante-quinze hommes, dont quarante d'Infanterie & trente-cinq de Cavalerie, recevront le fourrage ſur le pied par jour, de ſix rations de Cavalerie au Capitaine titulaire, trois rations d'Infanterie à chaque Capitaine en

Troupes légères. Légion-royale. Fourrage. Compagnies d'Ouvriers. Compagnies de Grenadiers. Compagnies de quatre-vingt-dix hommes. Capitaine titulaire. Infanterie. Dragons. Compagnies de Huſſards. Volontaires de Flandre & du Haynault. Fourrage. Capitaine titulaire des compa-

D d

second des troupes à pied, & deux rations à chaque Lieutenant & Enseigne; quatre rations de Cavalerie à chaque Capitaine en second des troupes à cheval, trois rations à chaque Lieutenant & Cornette, & deux rations à chaque Maréchal-des-logis : Et pour l'État-major, douze rations de Cavalerie au Colonel; dix rations, aussi de Cavalerie, au Lieutenant-colonel, lesquels ne doivent point avoir de compagnie; huit rations de Cavalerie au Major, quatre rations de Cavalerie à l'Aide-major de Cavalerie, trois d'Infanterie à l'Aide-major des compagnies à pied, & une ration d'Infanterie à chacun des Aumônier & Chirurgien.

LES Officiers des régimens des Volontaires du Dauphiné & des Volontaires d'Alsace, auront le fourrage sur le pied par jour, savoir, de six rations de Cavalerie au Capitaine titulaire de chaque compagnie de soixante-dix hommes; trois rations d'Infanterie à chaque Capitaine en second des troupes à pied, & deux rations à chaque Lieutenant & Enseigne; quatre rations de Cavalerie à chaque Capitaine en second des troupes à cheval; trois rations à chaque Lieutenant & Cornette, & deux à chaque Maréchal-des-logis : Et pour l'État-major de chacun desdits régimens, douze rations de Cavalerie au Colonel, dix rations de Cavalerie au Lieutenant-colonel, lesquels ne doivent point avoir de compagnie; huit rations de Cavalerie au Major, quatre rations, aussi de Cavalerie, à l'Aide-major; & une ration d'Infanterie à chacun des Aumônier & Chirurgien.

LES Officiers des régimens des Volontaires-Étrangers de Clermont-Prince & des Volontaires-Liégeois, auront le fourrage sur le pied par jour, savoir, de quatre rations d'Infanterie à chacun des deux Capitaines de Grenadiers des Volontaires de Clermont-Prince, & deux rations à chacun des Lieutenant & Sous-lieutenant; quatre rations à chacun des Capitaines en premier des compagnies de Fusiliers de cent hommes chacune des deux régimens, trois rations à chaque Capitaine en second, & deux rations à chacun des Lieutenant en premier, Lieutenant en second & Sous-lieutenant ; pour chaque compagnie de Cavalerie de cinquante hommes, cinq rations au Capitaine, trois rations à chaque Lieutenant & Cornette, & deux rations à chaque Maréchal-des-logis : Pour l'État-major des Volontaires Étrangers de Clermont-Prince, douze rations de Cavalerie au Colonel-lieutenant, dix rations de Cavalerie au Lieutenant-colonel, huit rations de Cavalerie au Lieutenant-colonel en second, lesquels ne doivent point avoir de compagnie ; huit rations de Cavalerie au Major, quatre rations de Cavalerie à chacun des deux Aides-majors de Cavalerie ; trois rations d'Infanterie à chacun des deux Aides-majors d'Infanterie, & une ration d'Infanterie à chacun des Aumônier, Chirurgien & Prevôt : Et pour l'État-major des Volontaires-Liégeois, douze rations de Cavalerie au Colonel, dix rations de Cavalerie au Lieutenant-colonel, lesquels ne doivent point avoir de compagnie ; huit rations de Cavalerie au Major, quatre rations de Cavalerie à l'Aide-major de Cavalerie, trois rations d'Infanterie à l'Aide-major d'Infanterie, & une ration d'Infanterie à chacun des Aumônier & Chirurgien.

Compagnies de Fusiliers.
Compagnies de Cavalerie.
État-major des Volontaires de Clermont-Prince.
État-major de Volontaires-Liégeois.

LES Officiers des Volontaires-étrangers de Vignolles, recevront le fourrage sur le pied par jour, de quatre rations à chaque Capitaine, & deux rations à chacun des Lieutenant & Lieutenant en second, tant de Grenadiers que de Fusiliers : Et pour l'État-major, dix rations au Colonel, sept à chacun des deux Lieutenans-colonels, lesquels ne doivent point avoir de compagnie ; cinq rations au Major, trois à l'Aide-major, deux au Sous-aide-major, & une à l'Aumônier.

VOLONTAIRES ÉTRANGERS de VIGNOLLES.
Compagnies.
État-major.

LES Officiers du régiment Royal-Cantabres, recevront le fourrage sur le pied par jour, de quatre rations à chaque Capitaine, tant de Grenadiers que de Fusiliers, & deux à chacun des Lieutenans & Lieutenans en second : Et pour l'État-major, dix rations au Colonel, sept au Lieutenant-colonel, lesquels n'ont point de compagnie ; cinq rations au Major, trois à l'Aide-major, & une à l'Aumônier.

RÉGIMENT ROYAL-CANTABRES.
Fourrage.
Compagnies.
État-major.

LES Officiers du corps de Chasseurs de Fischer, recevront le fourrage sur le pied par jour, de trois rations d'Infanterie au Capitaine en second de chacune des compagnies à pied, & deux rations au Lieutenant & Sous-lieutenant; pour les compagnies à cheval, quatre rations à chaque premier Capitaine en second, trois rations à chaque second Capitaine en second, deux rations à chacun des premier & second Lieutenans, & une ration à chaque Maréchal-des-logis; lesquelles rations de fourrage desdites compagnies à cheval, doivent être de Cavalerie : Et pour

l'État-major, douze rations, aussi de Cavalerie, au Commandant du corps, tant en sadite qualité de Commandant, que comme Capitaine en premier des compagnies à pied & à cheval; dix rations de Cavalerie au Lieutenant-colonel sans compagnie, huit rations de Cavalerie au Major, trois rations d'Infanterie à l'Aide-major des compagnies à pied, quatre rations de Cavalerie à l'Aide-major des compagnies à cheval, & une ration d'Infanterie à chacun des Aumônier, Chirurgien & Prevôt.

Les Officiers de la compagnie des Fusiliers-guides, composée de vingt-cinq hommes, dont treize à pied & douze à cheval, recevront le fourrage sur le pied de quatre rations de Cavalerie au Capitaine, deux à chacun des Lieutenant & Lieutenant en second.

Sa Majesté ordonne que lesdites fournitures de fourrage soient régulièrement faites à la Gendarmerie, à la Cavalerie, aux Carabiniers, Hussards, Dragons & Troupes légères à cheval, pour la nourriture des chevaux de brigades & de compagnies; & dans le cas de guerre, comme il est dit ci-dessus, aux Officiers, tant de ces corps, que de ceux d'Infanterie, à commencer de l'époque qu'Elle fixera pour le fourrage d'hiver desdits Officiers.

A l'égard des régimens en quartier dans les provinces & généralités du royaume, auxquels Sa Majesté a laissé la disposition des fourrages, son intention est qu'après l'expiration des cent cinquante jours du quartier d'hiver, les places de fourrage leur soient payées sans aucun bénéfice.

L'intention

L'intention de Sa Majesté étant que les Officiers de sa Cavalerie, Hussards & Dragons, & des Troupes légères, soient montés en tout temps, & qu'ils n'aient aucun prétexte pour s'en dispenser, Elle veut qu'il soit fourni une ration de fourrage à chacun desdits Officiers des régimens, qui ne sont point employés aux Armées, & qui sont dans le Royaume, ou auxquels il ne devra pas être délivré de fourrage par des raisons particulières ; savoir, une ration de fourrage à chacun des Officiers en pied ou réformés, assujétis aux revûes, des régimens de Cavalerie, Carabiniers, Hussards & Dragons, & aux Maréchaux-des-logis desdites troupes, ainsi qu'aux Officiers de l'État-major, à l'exception seulement des Aumôniers & Chirurgiens.

Et à chacun des Officiers de Cavalerie & Dragons, des corps de Troupes légères, y compris pareillement les Maréchaux-des-logis & les Officiers des États-majors, excepté l'Aide-major, qui se trouvera désigné nommément pour le service de l'Infanterie, & les Aumôniers & Chirurgiens desdits corps, ainsi que la Prevôté, lesquels ne doivent point en avoir.

L'intention de Sa Majesté est aussi, qu'il soit fourni une ration de fourrage par jour aux Maréchaux-des-logis des seize compagnies de sa Gendarmerie, ainsi qu'aux Majors, Aides-majors & Sous-aides-majors, lorsque ledit Corps ne sera point aux Armées, & que les Officiers n'auront point de fourrage.

Veut Sa Majesté qu'il ne soit délivré aucune ration de fourrage aux Officiers de Gendarmerie, Cavalerie, Carabiniers, Hussards, Dragons & d'Infanterie, qui ne se trouveront pas présens aux revûes, à moins qu'ils ne soient de semestre, ou n'aient un congé par écrit de Sa Majesté, contre-signé du Secrétaire d'Etat de la guerre : auxquels Officiers absens par semestre, congé, ou ceux qui obtiendront des reliefs, il ne sera fourni que la moitié des fourrages qu'ils auroient s'ils avoient été présens ; à l'exception des Colonels, Mestres-de-camp, Lieutenans-colonels, en pied ou réformés, Commandans de bataillon & Majors des régimens, qui auront leurs fourrages en entier, lorsqu'ils se feront absentés par congé, ou sur les reliefs qui seront accordés à ceux qui n'auront pas eu de congé.

Entend Sa Majesté que le décompte de la ration de fourrage qu'Elle accorde aux Officiers de ses troupes de Cavalerie, Hussards, Dragons & Troupes légères, pour la nourriture d'un cheval de monture, soit fait en entier à ceux desdits Officiers qui se feront absentés par semestre, congé, ou qui obtiendront des reliefs.

Défend très-expressément Sa Majesté auxdits Officiers, Gendarmes, Chevaux-légers, Cavaliers, Carabiniers, Hussards & Dragons, d'exiger des Gardes-magasins & Entrepreneurs de la fourniture des fourrages, une plus grande quantité de rations que celle marquée ci-dessus; & auxdits Officiers, soit de Gendarmerie, soit de Cavalerie, de Carabiniers, de Hussards & de Dragons, de rien diminuer sur les rations ci-dessus ordonnées pour la subsistance du cheval du Gendarme, Chevau-léger, Cavalier, Carabinier, Hussard & Dragon, pour le donner à leurs chevaux, ou pour le convertir en argent; à peine auxdits Officiers d'être cassés & privés de leurs charges, & aux Gendarmes, Chevaux-légers, Cavaliers, Carabiniers, Hussards & Dragons, de la vie.

Défend aussi Sa Majesté aux Gardes-magasins & Entrepreneurs, de convertir aucune desdites rations de fourrage en argent, à moins que lesdits Gardes-magasins & Entrepreneurs n'en aient ordre par écrit des Intendans, à peine de la vie; & aux Officiers, Gendarmes, Chevaux-légers, Cavaliers, Carabiniers, Hussards & Dragons, d'entrer avec eux en aucune composition là-dessus, à peine aux Officiers d'être cassés, & aux Gendarmes, Chevaux-légers, Cavaliers, Carabiniers, Hussards & Dragons, des galères.

Fait en outre Sa Majesté très-expresses défenses auxdits Officiers, Gendarmes, Chevaux-légers, Cavaliers, Carabiniers, Hussards & Dragons, de vendre aucun fourrage, & aux habitans des villes & lieux où ils seront logés, &

des environs, d'en acheter d'eux, sur les mêmes peines auxdits Officiers, d'être cassés; & aux Gendarmes, Chevaux-légers, Cavaliers, Carabiniers, Huffards & Dragons, des galères; & sur peine auxdits habitans, de trois cens livres d'amende. Ordonne Sa Majesté aux Commissaires des guerres, employés à la police de ses troupes, de délivrer auxdits Gardes-magasins ou Entrepreneurs, des extraits des revûes qu'ils en feront; & auxdits Gardes-magasins & Entrepreneurs, de ne fournir de fourrage à chaque compagnie, que sur le pied qu'ils verront par lesdits extraits qu'elle aura passé à la revûe qui en aura été faite, & qu'il n'en soit fourni à aucun des Officiers qui ne seront point compris pour présens dans lesdits extraits, sur lesquels ils compteront des fournitures qu'ils auront faites; se conformant à ce qui est dit ci-dessus pour les Officiers qui seront absens par semestre, sur des congés de Sa Majesté, ou qui obtiendront des reliefs, aux équipages desquels il sera fourni du fourrage, comme il est ci-dessus ordonné.

USTENSILE.

Les troupes qui servent dans les Armées, continueront de recevoir l'ustensile pendant le quartier d'hiver, sur le pied réglé ci-après, en vertu des ordres particuliers que Sa Majesté en fera expédier, savoir;

Chaque compagnie d'Infanterie françoise, à raison de douze cens livres pour l'ustensile entier, & de six cens livres pour celles qui n'auront que le demi-ustensile, sur quoi il sera retenu aux compagnies qui recevront douze cens livres, savoir, quatre-vingt-dix livres pour l'ustensile du Lieutenant; soixante livres pour chaque Sous-lieutenant & Enseigne, & quinze livres pour l'Aide-major du bataillon, & par rapport à la retenue qui sera pareillement faite sur les compagnies qui n'auront que les six cens livres de demi-ustensile, elle sera de quarante-cinq livres pour chaque Lieutenant, de trente livres pour chaque Sous-lieutenant & Enseigne, & de sept livres dix sols pour l'Aide-

Ustensile de l'Infanterie françoise.

Compagnies.

major du bataillon; le restant à chaque compagnie, à la réserve de cent cinquante livres dont il sera parlé ci-après, sera payé au Capitaine pour rendre sa compagnie complète, en état de bien servir, & fournir des tentes à ses Soldats pendant la campagne suivante.

A l'égard des compagnies des autres corps d'Infanterie qui auront l'ustensile, & dont la composition est différente, cet ustensile sera réglé, en proportion de celui ci-dessus de l'Infanterie françoise, par les états que Sa Majesté en fera expédier.

Ustensile des Officiers de l'Etat-major des régimens. Les Colonels, Lieutenans-colonels & Commandans de bataillon n'ayant plus de compagnie, tant de l'Infanterie françoise, que des autres troupes qui auront l'ustensile, Sa Majesté voulant bien avoir égard aux dépenses indispensables & particulières qu'ils feront pendant la campagne, Elle ordonne qu'il leur soit payé, à titre d'ustensile, favoir, à chaque Colonel ou Colonel en second, six cens livres; à chaque Lieutenant-colonel, quatre cens livres; à chaque Commandant de bataillon, fans compagnie, trois cens livres; & quatre cens cinquante livres au Major: Et lorsque les régimens auxquels ces Officiers font attachés, ne recevront que le demi-ustensile, il ne leur sera payé que la moitié du traitement ci-dessus réglé.

Retenue sur l'ustensile des Officiers des compagnies d'Infanterie. Comme il est de règle de tous les temps, pendant la guerre, de faire retenir par le Trésorier général de l'Extraordinaire des guerres, sur l'ustensile des Capitaines des troupes d'Infanterie, une somme de cent cinquante livres, pour leur être conservée & délivrée pendant la campagne suivante, cette somme de cent cinquante livres leur sera payée à l'armée, à raison de vingt-cinq livres par mois, pendant les mois de mai, juin, juillet, août, septembre & octobre.

Et à l'égard de ce que les Lieutenans, Sous-lieutenans & Enseignes doivent toucher dans l'ustensile des compagnies où ils font attachés, comme il est détaillé ci-dessus, ils en feront payés par égale portion, dans chacun des mois de mai, juin, juillet, août, septembre & octobre.

Il

Il sera pareillement retenu cent cinquante livres sur l'ustensile de chacun des Colonel, Lieutenant-colonel, Commandant de bataillon & Major de l'Infanterie, & quatre-vingt-dix livres sur l'ustensile des Aides-majors, qui leur seront payés aussi par égale portion pendant les mois de campagne.

Les Officiers réformés d'Infanterie avec appointemens, *Officiers réformés* qui serviront à la suite desdits régimens pendant la cam- *d'Infanterie.* pagne, recevront l'ustensile sur le pied, savoir, de deux cens soixante-dix livres à chaque Colonel, cent quatre-vingt livres à chaque Lieutenant-colonel, quatre-vingt-dix livres à chaque Capitaine, & trente livres à chaque Lieutenant.

USTENSILE DE LA GENDARMERIE.

CHACUNE des dix compagnies de Gendarmes de la *GENDARMERIE.* Gendarmerie, qui auront servi la campagne, recevra pen- *Dix compagnies* dant les cent cinquante jours du quartier d'hiver suivant, *de Gendarmes.* quatre-vingt-neuf places d'ustensile par jour, lesquelles seront distribuées (les grands Officiers n'en devant point avoir), savoir, trois places à chacun des quatre Maréchaux-des-logis qu'il y a en chaque compagnie, dont une de supplément; & les soixante-dix-sept autres places seront pour les deux Brigadiers, les deux Sous-brigadiers, le Porte-étendard, les soixante-dix Gendarmes & les deux Trompettes.

Chacune des six compagnies de Chevaux-légers de la *Six compagnies de* Gendarmerie, recevra aussi, pendant lesdits cent cinquante *Chevaux-légers.* jours, cent neuf places d'ustensile par jour, le Capitaine-lieutenant en ayant dix; le Sous-lieutenant, quatre; chacun des premier & second Cornette, trois; chacun des quatre Maréchaux-des-logis, deux places, & une de supplément à chacun desdits Maréchaux-des-logis; & les soixante-dix-sept autres places seront pour les deux Brigadiers, les deux Sous-brigadiers, le Porte-étendard, les soixante-dix Chevaux-légers & les deux Trompettes.

Les huit Timbaliers qui servent dans les seize com- *Timbaliers de la Gendarmerie.*

pagnies de ladite Gendarmerie, à raison d'un pour deux compagnies, recevront, aussi par jour, une place d'ustensile pendant lesdits cent cinquante jours.

CAVALERIE FRANÇOISE ET ÉTRANGÈRE, CARABINIERS, HUSSARDS & DRAGONS.

CAVALERIE & DRAGONS. Compagnies.

CHAQUE compagnie des régimens de Cavalerie françoise & étrangère, de Carabiniers, de Hussards & de Dragons, qui serviront dans les Armées, recevra l'ustensile pendant les cent cinquante jours du quartier d'hiver, sur le pied par jour, de huit places au Capitaine, dont deux de supplément; six places à chaque Lieutenant, dont deux de supplément; six places au Sous-lieutenant qui est dans chacune des compagnies Colonelle du Colonel général de la Cavalerie, & du Colonel général des Dragons, dont deux de supplément; quatre places à chaque Cornette, dont une de supplément; trois à chaque Maréchal-des-logis, dont une de supplément; & une à chaque Brigadier, Cavalier, Carabinier, Volontaire, Hussard, Dragon, Trompette, Timbalier & Tambour, conformément aux états que Sa Majesté en fera expédier : observant que ces places attribuées aux Gendarmes & Chevaux-légers de la Gendarmerie, aux Cavaliers, Carabiniers, Hussards, Dragons, Trompettes, Timbaliers & Tambours, doivent être payées au Capitaine, pour être employées au rétablissement & entreténement de sa compagnie, & la mettre en état de servir en campagne, à la réserve de deux sols par place de Gendarme, Chevau-léger, Cavalier, Carabinier, Hussard, Dragon, Trompette, Timbalier & Tambour pendant les cent cinquante jours du quartier d'hiver, qui doivent être retenus par le Trésorier général de l'Extraordinaire des guerres, pour être par lui remis au Major ou Aide-major, pour leur être délivré pendant la campagne suivante, ainsi qu'il sera dit ci-après.

États-majors.

Et pour chaque État-major de Cavalerie, Carabiniers, Hussards & Dragons, il sera payé six places d'ustensile par jour à chacun des Meſtres-de-camp à qui Sa Majeſté a conſervé les compagnies, ainſi qu'à chaque chef de brigade des Carabiniers, outre les places qu'ils reçoivent comme Capitaines ; quatre places à chaque Lieutenant-colonel des brigades dudit régiment des Carabiniers, & des régimens Royal-Allemand, Wirtemberg & de Naſſau-Saarbruck, auxquels Sa Majeſté a pareillement conſervé les compagnies, indépendamment des places qui leur ſont attribuées comme Capitaines ; douze places à chaque Meſtre-de-camp ſans compagnie, dix places à chaque Lieutenant-colonel, auſſi ſans compagnie ; huit places au Lieutenant-colonel en ſecond, qui eſt en chacun des deux régimens de Huſſards ; ſix places à chaque Major, quatre à chaque Aide-major, même au ſecond Aide-major de Dragons ; une place à chacun des Aumônier & Chirurgien dans la Cavalerie, & une place à l'Aumônier dans les Dragons.

Deux places au Maréchal-des-logis de l'État-major du régiment Royal-Allemand, deux au Prevôt, une à ſon Lieutenant, & une à chacun des Greffier, quatre Archers & un Exécuteur.

ROYAL-ALLEMAND. Prevôté.

Une place à l'Auditeur dans l'État-major du régiment de Wirtemberg, & une à chacun des Greffier, trois Archers & un Exécuteur.

WIRTEMBERG. Prevôté.

Et deux places au Prevôt qui eſt dans l'État-major du régiment de Royal-Naſſau.

ROYAL-NASSAU. Prevôté.

A l'égard des Officiers réformés à la ſuite des régimens de Cavalerie françoiſe & étrangère, de Huſſards & de Dragons, qui y ſerviront la campagne, Sa Majeſté ordonne que l'uſtenſile leur ſoit payé pendant les cent cinquante jours du quartier d'hiver ſuivant, ſur le pied de ſix places par jour à chaque Meſtre-de-camp, cinq à chaque Lieutenant-colonel, quatre à chaque Capitaine, & deux à chaque Lieutenant.

Officiers réformés de Cavalerie & de Dragons.

VEUT Sa Majeſté que les places de l'uſtenſile perſonnel des Officiers des troupes de la Gendarmerie, Cavalerie, Carabiniers, Huſſards & de Dragons, leur ſoient payées ainsi qu'il est expliqué ci-après, sur le pied de douze sols chacune pour l'uftenfile entier, & de six sols pour le demi-uftenfile; & de onze sols par place de Gendarme, Chevau-léger, Cavalier, Carabinier, Huffard & Dragon, pour les compagnies qui auront l'uftenfile entier; & cinq sols six deniers pour celles qui n'auront que le demi-uftenfile: sur chacune desquelles places de onze sols d'uftenfile entier, & de cinq sols six deniers de demi-uftenfile, le Tréforier général de l'Extraordinaire des guerres retiendra en ses mains deux sols par jour pendant

les cent cinquante jours du quartier d'hiver, qui feront la somme de quinze livres pour chaque Brigadier, Sous-brigadier, Gendarme, Chevau-léger, Cavalier, Carabinier, Huffard, Dragon, Trompette, Timbalier & Tambour; laquelle retenue sera remise au commencement & pendant la campagne au Major, ou en son absence à l'Aide-major de chaque corps, qui la délivrera manuellement

à chaque Brigadier, Sous-Brigadier, Gendarme, Chevau-léger, Cavalier, Carabinier, Huffard, Dragon, Trompette, Timbalier & Tambour, en cinq payemens égaux d'un écu de foixante sols chacun, au 10 des mois de juin, juillet, août, septembre & octobre de ladite campagne; au moyen de quoi, le Capitaine qui recevra l'uftenfile entier ne touchera que neuf sols par place de fa troupe; & celui qui n'aura que le demi-uftenfile, trois sols six deniers aussi par place.

Au moyen desquels payemens ci-dessus de l'écu de campagne & du surplus de l'uftenfile, lefdits Cavaliers, Carabiniers, Huffards & Dragons, feront obligés de s'entretenir de linge, culotte, bas & souliers, & d'entretenir leurs chevaux de ferrage, de tenir leurs armes nettes & d'y faire les menues réparations, en forte qu'elles foient en bon état. Entend Sa Majefté que fi ces armes venoient à être en un état à ne pouvoir plus fervir, fans que ce foit par la faute du Cavalier ou du Dragon, & qu'il foit néceffaire de les changer, le Capitaine en faffe la dépenfe; & qu'au surplus chaque Capitaine entretienne chaque

Carabinier,

Carabinier, Cavalier, Huffard & Dragon, de cheval,
houffe, felle, harnois, bride, habillement, manteau,
chapeau, bottes & armes.

Sa Majefté ayant réglé que le payement de l'uftenfile *Règlement pour le payement de l'uftenfile pendant l'hiver & la campagne.* perfonnel des Officiers de la Gendarmerie & des régimens de Cavalerie, Carabiniers, Huffards & Dragons, fera fait, en plus grande partie, pendant le quartier d'hiver, & le reftant pendant la campagne, Elle ordonne que la diftribution de ce payement fera exécutée de la manière expliquée, favoir:

GENDARMERIE, COMPAGNIE DE CHEVAUX-LÉGERS.

LE Capitaine-lieutenant, qui a dix places d'uftenfile, en recevra huit pendant les cinq mois d'hiver, & deux pendant les fix mois de campagne, à raifon de trente livres par mois.

Le Sous-lieutenant qui a quatre places, en recevra trois pendant l'hiver, & une pendant la campagne, à raifon de quinze livres par mois.

Le Cornette qui a trois places, en recevra deux pendant l'hiver, & une pendant la campagne, à raifon de quinze livres par mois.

Le Maréchal-des-logis qui a trois places, en recevra deux & demie pendant l'hiver, & une demie pendant la campagne, à raifon de fept livres dix fols par mois.

L'uftenfile des Maréchaux-des-logis des compagnies de Gendarmes, fera payé fur le même pied de ceux des compagnies de Chevaux-légers.

CAVALERIE FRANÇOISE ET ÉTRANGÉRE, CARABINIERS, HUSSARDS & DRAGONS.

LE Capitaine qui a huit places d'uftenfile, en recevra *Compagnies.* fix pendant les cent cinquante jours du quartier d'hiver, & deux pendant la campagne, à raifon de trente livres par mois.

Le Lieutenant qui a fix places, en recevra quatre

pendant l'hiver, & deux en campagne, à raison de quinze livres par mois.

Le Cornette qui a quatre places, en recevra trois pendant l'hiver, & une en campagne, à raison de quinze livres par mois.

Le Maréchal-des-logis qui a trois places, en recevra deux & demie pendant l'hiver, & une demie en campagne, à raison de sept livres dix sols par mois.

ÉTAT-MAJOR DES RÉGIMENS DE CAVALERIE
FRANÇOISE ET ÉTRANGÈRE, DE CARABINIERS,
HUSSARDS ET DRAGONS.

LE Mestre-de-camp qui a conservé sa compagnie, & qui jouit de six places d'ustensile en ladite qualité de Mestre-de-camp, indépendamment de celles qui lui sont attribuées comme Capitaine, recevra les six places d'ustensile pendant les cinq mois d'hiver.

Le Mestre-de-camp sans compagnie, & qui jouit de douze places d'ustensile, recevra dix places en hiver, & deux en campagne, à raison de trente livres par mois.

Le Lieutenant-colonel sans compagnie, qui a dix places d'ustensile, recevra huit places pendant l'hiver, & deux en campagne, à raison de trente livres par mois.

Le Lieutenant-colonel qui a conservé sa compagnie, & qui a quatre places d'ustensile, indépendamment de celles qui lui sont attribuées comme Capitaine, recevra ces quatre places pendant l'hiver.

Le Major qui a six places, en recevra quatre pendant l'hiver, & deux en campagne, à raison de trente livres par mois.

L'Aide-major qui a quatre places, en recevra trois pendant l'hiver, & une en campagne, à raison de quinze livres par mois.

A l'égard des Officiers réformés, tant d'Infanterie que de Cavalerie, Hussards & Dragons, & des Aumôniers, Chirurgiens & Prevôté, ils recevront pareillement une partie de leur ustensile pendant l'hiver, & le restant en campagne, ainſi qu'il ſera expliqué par l'ordonnance de ſolde de campagne.

Quant aux Troupes légères, tant d'Infanterie que de Cavalerie, elles continueront de recevoir, comme par le paſſé, la totalité de leur uſtenſile pendant l'hiver, même les places d'augmentation dont elles doivent jouir comme les Troupes à cheval.

Au moyen des payemens qui ſeront ainſi faits aux troupes d'Infanterie, de Cavalerie, de Carabiniers, de Huſſards & de Dragons, les Officiers ſeront obligés de les mettre en état de ſervir dans le courant des mois de mai & juin prochains; & Sa Majeſté ordonne qu'il ſoit retenu cent cinquante livres ſur l'uſtenſile des Capitaines de Fuſiliers, dont les compagnies paſſeront au nombre ci-après à la revûe qui ſera faite pour ces deux mois, ſavoir;

Retenue ſur l'uſtenſile pour le non-complet des compagnies.

Infanterie.

Celles des bataillons d'Infanterie françoiſe, à trente-quatre hommes & au deſſous.

Celles des ſix brigades du régiment Royal-Artillerie, à quatre-vingts hommes & au deſſous.

Celles de Sappeurs, à cinquante hommes & au deſſous.

Celles d'Ouvriers, à cinquante hommes & au deſſous.

De laquelle retenue leſdits Capitaines ne pourront avoir la main-levée par les Inſpecteurs ou ceux qui pourront être commis pour en faire les fonctions en leur abſence, qu'après que leurs compagnies auront paſſé à la revûe des Commiſſaires des guerres, des mois de juillet & août, ſavoir;

Celles des bataillons d'Infanterie françoiſe, à trente-huit, trente-neuf ou quarante hommes.

Celles des ſix brigades du régiment Royal-Artillerie, de quatre-vingt-dix à cent hommes.

Celles de Sappeurs, de cinquante-ſix à ſoixante hommes.

Celles d'Ouvriers, de cinquante-ſix à ſoixante hommes.

Veut auſſi Sa Majeſté qu'au moyen deſdits payemens,

Cavalerie, Carabiniers, Huffards & Dragons.

les Officiers de ses troupes de Cavalerie, de Carabiniers, de Huffards & de Dragons, soient obligés de même de les mettre en état de servir dans le courant des mois de mai & juin prochains ; & que s'il arrive qu'une compagnie ne se trouve pas complète, montée, armée & équipée comme il convient, à la revûe qui en sera faite pour lesdits deux mois, par les Commissaires ordinaires des guerres, avec les Inspecteurs généraux où il s'en trouvera, il soit retenu un mois d'ustensile, tant des places attribuées à la personne du Capitaine, que celles des Cavaliers, Carabiniers, Huffards & Dragons, en ce non compris l'écu de campagne qui doit être toûjours distribué aux Cavaliers, Carabiniers, Huffards & Dragons, sans pouvoir être retenu sous quelque prétexte que ce soit ; de laquelle retenue il ne pourra avoir la main-levée par les Inspecteurs ou ceux qui pourront être commis pour en faire les fonctions en leur absence, qu'après la revûe du Commissaire des guerres, des mois de juillet & août suivans, & que sa compagnie y aura passé complète d'hommes & de chevaux, & en état de bien servir.

Ordonne Sa Majesté aux Commissaires des guerres qui seront chargés de la police de ses Troupes, qu'après qu'ils auront fait leurs revûes de mai & juin, avec les Inspecteurs généraux où il s'en trouvera, ils aient à informer aussi-tôt les Intendans dans les départemens desquels il seront, des compagnies qui à cette revûe ne se trouveront pas complètes & en bon état, afin qu'ils fassent faire les retenues sur l'ustensile, ainsi qu'il est expliqué dans les deux articles précédens, aux Capitaines d'Infanterie, de Cavalerie, de Carabiniers, de Huffards & de Dragons : Entend aussi Sa Majesté que lesdits Commissaires des guerres & Inspecteurs généraux où il s'en trouvera, déclarent en même temps de sa part aux Capitaines, que ceux qui à la revûe qui se fera des Troupes pour les mois de juillet & août, n'auront pas leur compagnie complète & de tout point en état de

servir,

servir, telle raison qu'ils puissent avoir, seront cassés & mis en prison, jusqu'à ce qu'ils aient restitué tout ce qu'ils auront reçû d'ustensile pendant l'hiver, sans avoir égard aux dépenses qu'ils auront faites à leur compagnie : Déclarant Sa Majesté aux Colonels, Mestres-de-camp & Lieutenans-colonels des régimens dans lesquels il se trouvera de mauvaises compagnies, qu'Elle les en rendra responsables en leur nom, comme ayant négligé de prendre le soin qu'ils doivent avoir que les Capitaines travaillent utilement à leur rétablissement.

XVII.

DÉCOMPTE DES TROUPES
d'Infanterie en marche ; & Supplément de solde en route.

SA MAJESTÉ voulant accélérer le payement du décompte accordé ci-devant à quelques-unes de ses Troupes lorsqu'elles marchent par étape, son intention est, qu'à leur arrivée aux lieux de leur destination, ledit décompte leur soit fait sur le pied du traitement réglé ci-après.

Les Colonels & Commandans de bataillons d'Infanterie françoise, les Mestres-de-camp de Cavalerie, de Hussards & de Dragons, n'ayant plus de compagnie, continueront à recevoir l'étape sur le même pied, & pour le même nombre de rations qu'ils avoient précédemment, tant en leursdites qualités qu'en celle de Capitaines.

Colonels & Commandans de bataillons, Mestres-de-camp de Cavalerie, Hussards & Dragons.

Les Lieutenans-colonels des régimens d'Infanterie & de Cavalerie françoise, celui de Filtzjames, ceux de Hussards & de Dragons, qui n'ont point de compagnie, seront payés de leurs appointemens pendant le temps de la route, & ne seront point assujétis à recevoir l'étape ; mais dans le cas qu'ils voudroient en prendre, ils la payeront à l'Etapier sur le pied du prix réglé par son marché, en observant de ne point excéder les quantités qui leur ont été réglées par l'ordonnance du 13 juillet 1727, tant en qualité de Lieutenans-colonels que de Capitaines.

Lieutenans-colonels d'Infanterie & de Cavalerie françoise, Hussards & Dragons.

Les brigades du Corps royal de l'Artillerie n'auront point de solde pendant le temps qu'ils seront en route & recevront l'étape; il leur sera seulement donné le supplément de solde ci-après.

	l.	s.	d.
A chaque Capitaine en pied, trois livres onze sols dix deniers par jour	3.	11.	10.
A chaque Capitaine en second, seize sols huit deniers.	0.	16.	8.
A chaque Lieutenant en pied, quinze sols. . .	0.	15.	0.
A chaque Lieutenant en second, dix sols . . .	0.	10.	0.

	l.	s.	d.
A chaque Sergent ou Maîtres-ouvriers, huit sols dix deniers.	0.	8.	10.
A chaque Caporal, neuf sols huit deniers . .	0.	9.	8.
A chaque Anspessade, huit sols huit deniers .	0.	8.	8.
A chaque Ouvrier, huit sols huit deniers . . .	0.	8.	8.
A chaque Apprentif, trois sols huit deniers . .	0.	3.	8.
A chaque Tambour, trois sols deux deniers .	0.	3.	2.

	l.	s.	d.
A chaque Sergent, huit sols dix deniers	0.	8.	10.
A chaque Caporal, six sols deux deniers	0.	6.	2.
A chaque Anspessade, quatre sols deux deniers.	0.	4.	2.
A chacun des premiers Canonniers, trois sols deux deniers.	0.	3.	2.
A chacun des seconds Canonniers, un sol huit deniers	0.	1.	8.
A chacun des troisièmes Canonniers, huit deniers.	0.	0.	8.
A chaque Tambour, trois sols deux deniers. .	0.	3.	2.

	l.	s.	d.
A chaque Sergent, huit sols dix deniers. . . .	0.	8.	10.
A chaque Caporal, six sols huit deniers . . .	0.	6.	8.
A chaque Anspessade, cinq sols huit deniers. .	0.	5.	8.
A chacun des premiers Artificiers-Bombardiers, quatre sols huit deniers	0.	4.	8.
A chacun des seconds, quatre sols huit deniers.	0.	4.	8.
A chacun des troisièmes, trois sols huit deniers.	0.	3.	8.

A chacun des premiers Bombardiers, trois sols deux deniers. 0.ˡ 3.ˢ 2.ᵈ

A chacun des seconds, un sol huit deniers. . . 0. 1. 8.

A chacun des troisièmes, huit deniers. . . . . 0. 0. 8.

A chaque Tambour, trois sols deux deniers . 0. 3. 2.

Au Chef de brigade n'ayant pas de compagnie, onze livres par jour pour son supplément de solde, tant en ladite qualité, que pour lui tenir lieu de celle de Capitaine . . . . 11. 0. 0.

Au Colonel, n'ayant pas de compagnie, huit livres par jour pour son supplément de solde, tant en ladite qualité, que pour lui tenir lieu de celle de Capitaine . . . . 8. 0. 0.

Au Lieutenant-colonel n'ayant plus de compagnie, six livres, tant en ladite qualité, que pour lui tenir lieu de celle de Capitaine . . . . . 6. 0. 0.

Au Major, cinq livres . . . . 5. 0. 0.

A l'Aide-major, quatre livres . . . . 4. 0. 0.

Au Sous-aide-major, quinze sols . . . . 0. 15. 0.

Au Garçon-major, dix sols . . . . 0. 10. 0.

A l'Aumônier, sept sols dix deniers. . . . . . . 0. 7. 10.

Au Chirurgien, treize sols quatre deniers . . 0. 13. 4.

Les compagnies de Sappeurs & de Mineurs, n'auront pareillement pas de solde pendant le temps qu'elles seront en route & recevront l'étape, il leur sera seulement donné le supplément de solde ci-après, savoir:

A chaque Capitaine en pied des compagnies de Sappeurs, trois livres onze sols dix deniers. . 3.ˡ 11.ˢ 10.ᵈ

A chaque Lieutenant en premier, quinze sols . 0. 15. 0.

A chaque Lieutenant en second, dix sols . . 0. 10. 0.

A chaque Sergent, huit sols dix deniers . . . 0. 8. 10.

A chaque Caporal, six sols deux deniers. . . 0. 6. 2.

A chaque Anspessade, quatre sols deux deniers. 0. 4. 2.

A chacun des premiers Sappeurs, trois sols deux deniers . . . . 0. 3. 2.

A chacun des seconds Sappeurs, un sol huit deniers	0.ˡ	1.ˢ	8.ᵈ
A chaque Tambour, trois sols deux deniers. .	0.	3.	2.

Mineurs.

A chaque Capitaine des compagnies de Mineurs, trois livres onze sols dix deniers par jour . .	3.	11.	10.
A chaque Capitaine en second, seize sols huit deniers	0.	16.	8.
A chaque premier Lieutenant, quinze sols . .	0.	15.	0.
A chaque Lieutenant en second, dix sols . .	0.	10.	0.
A chaque Sergent, huit sols dix deniers. . .	0.	8.	10.
A chaque Caporal, six sols deux deniers . .	0.	6.	2.
A chaque Anspessade, quatre sols deux deniers .	0.	4.	2.
A chaque Mineur, quatre sols deux deniers . .	0.	4.	2.
A chaque Apprentif, huit deniers.	0.	0.	8.
A chaque Tambour, trois sols deux deniers . .	0.	3.	2.

Décompte du linge & chaussure.

Entend Sa Majesté que le décompte du linge & chaussure, sur le pied de seize deniers par jour à chaque Sergent & Maître-ouvrier, & de huit deniers à chaque Haute-paye, Soldat & Tambour des brigades du Corps royal de l'Artillerie, ainsi qu'aux compagnies de Sappeurs & de Mineurs, leur soit fait, comme ci-devant, par le Commis du Trésorier général du Corps royal de l'Artillerie & du Génie, sur ce qui leur reviendra de ce supplément de solde en route, pour le temps que ces troupes auront été en marche.

Suisses & Grisons.

Sa Majesté voulant bien permettre aux régimens Suisses & Grisons, y compris celui d'Eptingen, de nouvelle levée, de recevoir l'étape en route, son intention est, que dans le cas où ces régimens la prendront, elle leur soit précomptée sur leur solde à leur arrivée aux lieux de leur destination, par le Commis de l'Extraordinaire des guerres, sur le pied, savoir:

A chaque Capitaine en pied, trois livres huit sols par jour	3.ˡ	8.ˢ	0.ᵈ
A chaque Capitaine-lieutenant, une livre dix sols.	1.	10.	0.

A chaque

A chaque Lieutenant, une livre cinq sols . : : : . 1.ˡ 5.ˢ 0.ᵈ

A chaque Sous-lieutenant & Enseigne, une livre. 1. 0. 0.

A chaque Sergent, dix sols . . . . 0. 10. 0.

A chaque Soldat, cinq sols . . . . 0. 5. 0.

Les Officiers de l'État-major de chacun des régimens *État-major.* Suisses & Grisons, seront payés pendant le temps de la route, de leurs appointemens, s'ils n'ont point pris d'étape, à raison de mille livres par mois en temps de paix, & de dix-neuf cens soixante livres huit sols lorsqu'ils seront à la paye de guerre; & dans le cas qu'ils l'auront reçûe, ils la payeront à l'Étapier sur le pied du prix réglé par son marché.

Jouiront du même avantage les régimens allemands *Infanterie* d'Alsace, d'Anhaldt, la Marck, Royal-Suédois, Royal- *Allemande.* Bavière, Lowendal, Bergh, Prince Louis de Nassau, la Dauphine, Saint-Germain, Royal-Pologne, & ceux de Boüillon, Royal-deux-Ponts, Vierzet & Horion, levés sur le pied des six derniers régimens Allemands, auxquels il sera pareillement permis pendant le temps qu'ils seront en route, de prendre l'étape; & dans le cas où ces régimens la recevront, elle leur sera précomptée sur leur solde à leur arrivée aux lieux de leur destination, par le Commis de l'Extraordinaire des guerres, sur le pied, savoir :

A chaque Capitaine en pied, trois livres par jour. 3.ˡ 0.ˢ 0.ᵈ

A chaque Capitaine en second, une livre dix sols. 1. 10. 0.

A chaque premier & second Lieutenant, une livre. 1. 0. 0.

A chaque Lieutenant en second ou Enseigne,
   quinze sols . . . . 0. 15. 0.

A chaque Sergent, dix sols . . . . 0. 10. 0.

A chaque Soldat, cinq sols . . . . 0. 5. 0.

Sera aussi permis aux Officiers de l'État-major de *État-major* chacun des régimens Allemands d'Alsace, d'Anhaldt, la *des six premiers* Marck, Royal-Suédois, Royal-Bavière & Lowendal, *régimens Alle-* de recevoir l'étape en route; & dans le cas qu'ils la *mands.*

prendront, elle leur sera précomptée sur leurs appointemens, sur le pied, savoir :

A chaque Colonel, trois livres six sols huit deniers par jour 3.ˡ 6.ˢ 8.ᵈ

A chaque Lieutenant-colonel, une livre . . . . . . 1. 0. 0.

A chaque Major, trois livres six sols huit deniers. 3. 6. 8.

A chaque Aide-major, une livre dix sols . . . . 1. 10. 0.

A chacun des Aumônier, Chirurgien-major, Auditeur & Prevôt, une livre . . . . 1. 0. 0.

A chaque Greffier, dix sols . . . . 0. 10. 0.

A chacun des Tambour-major, Archers & Exécuteur de Justice, cinq sols . . . . 0. 5. 0.

Auront pareillement la liberté les Officiers de l'Etat-major de chacun des autres régimens Allemands de Bergh, Prince Louis de Nassau, la Dauphine, Saint-Germain, Royal-Pologne, Boüillon, Royal-deux-Ponts, Vierzet & Horion, de recevoir pendant la marche de ces régimens, l'étape ; & dans le cas qu'ils la prendront, elle sera précomptée sur leurs appointemens, sur le pied, savoir :

A chaque Colonel, trois livres six sols huit deniers par jour 3.ˡ 6.ˢ 8.ᵈ

Au Colonel en second du régiment de Boüillon, deux livres . . . . 2. 0. 0.

A chaque Lieutenant-colonel, une livre . . . . . 1. 0. 0.

Au Major, trois livres six sols huit deniers . . . 3. 6. 8.

A l'Aide-major, une livre dix sols . . . . 1. 10. 0.

Les régimens Royal-Italien & Royal-Corse, n'auront point de solde pendant le temps qu'ils seront en route & recevront l'étape ; il leur sera seulement donné le supplément de solde, sur le pied, savoir :

A chaque Capitaine de Grenadiers des régimens de Royal-Italien & Royal-Corse, deux livres par jour 2.ˡ 0.ˢ 0.ᵈ

A chaque Lieutenant, une livre un sol quatre deniers . . . . 1. 1. 4.

A chaque Sous-lieutenant, treize sols quatre deniers. 0. 13. 4. } Compagnies de Grenadiers.
A chaque Sergent, cinq sols . . . . 0. 5. 0.
A chaque Caporal, trois sols neuf deniers . . . . 0. 3. 9.
A chaque Anspessade & Tambour, trois sols quatre deniers . . . . 0. 3. 4.
A chaque Grenadier, deux sols six deniers . . . . 0. 2. 6.

A chaque Capitaine de Fusiliers, une livre treize sols quatre deniers . . . . 1. 13. 4. } Compagnies de Fusiliers.
A chaque Capitaine en second, dix-huit sols . . 0. 18. 0.
A chaque Lieutenant en premier, treize sols quatre deniers . . . . 0. 13. 4.
Au Lieutenant en second, dix sols . . . . 0. 10. 0.
A chaque Sergent, quatre sols huit deniers . . . 0. 4. 8.
A chaque Caporal, trois sols six deniers . . . . . 0. 3. 6.
A chaque Anspessade & Tambour, trois sols . . 0. 3. 0.
A chaque Appointé, deux sols six deniers . . . . 0. 2. 6.
A chaque Fusilier, deux sols . . . . 0. 2. 0.

A chaque Colonel, par jour, douze livres . . . . 12. 0. 0. } État-major.
Au Colonel en second de Royal-Corse, trois livres dix sols . . . . 3. 10. 0.
A chaque Lieutenant-colonel, six livres. . . . . 6. 0. 0.
A chaque Major, sept livres . . . . 7. 0. 0.
A chaque Interprète qui ne doit point avoir d'étape, cinq livres . . . . 5. 0. 0.
A chaque Aide-major, une livre. . . . . 1. 0. 0.
A chaque Maréchal-des-logis, dix sols. . . . . 0. 10. 0.
A chaque Aumônier, dix-huit sols huit deniers. 0. 18. 8.
A chaque Chirurgien-major, cinq sols. . . . . . 0. 5. 0.
A chaque Prevôt, treize sols quatre deniers. . . 0. 13. 4.
A chacun de leurs Lieutenans, dix sols. . . . . 0. 10. 0.
A chaque Greffier, quatre sols six deniers. . . . 0. 4. 6.
A chaque Archer & Exécuteur de Justice, deux sols huit deniers. . . . . 0. 2. 8.
A chaque Tambour-major, trois sols quatre deniers . . . . 0. 3. 4.

Régimens Irlandois & Écossois.

Les régimens d'Infanterie Irlandoise de Bulkeley, Clare, Dillon, Rothe & Berwick, & les deux d'Infanterie Écossoise, de Royal-Écossois & Ogilvy, n'auront point de solde pendant le temps qu'ils seront en marche & recevront l'étape ; il leur sera seulement donné le supplément de solde ci-après.

Compagnies de Grenadiers.

A chaque Capitaine de Grenadiers, trois livres dix sols 3.ˡ 10.ˢ 0.ᵈ

A chaque Capitaine en second, seize sols huit deniers . . . . 0. 16. 8.

A chaque Lieutenant en premier, deux livres dix sols . . . . 2. 10. 0.

A chaque Lieutenant en second, dix sols. . . . 0. 10. 0.

A chaque premier Sergent, huit sols . . . . . . 0. 8. 0.

A chaque second Sergent, quatre sols . . . . , 0. 4. 0.

A chaque Caporal, Anspessade, Grenadier & Tambour, trois sols . . . . 0. 3. 0.

Compagnies de Fusiliers.

A chaque Capitaine de Fusiliers, deux livres dix sols . . . . 2. 10. 0.

A chaque Capitaine en second, seize sols huit deniers. . . . . 0. 16. 8.

A chaque Lieutenant en premier, une livre cinq sols . . . . 1. 5. 0.

A chaque Lieutenant en second, dix sols. . . . 0. 10. 0.

A chaque premier Sergent, huit sols . . . . . . 0. 8. 0.

A chacun des autres Sergens, quatre sols . . . 0. 4. 0.

A chaque Caporal, Anspessade, Fusilier & Tambour, trois sols . . . . 0. 3. 0.

Cadets. A chaque Cadet, sept sols six deniers . . . . . . 0. 7. 6.

Chacun des Colonels des régimens Irlandois de Bulkeley, Clare & Dillon, & ceux de Royal-Écossois & d'Ogilvy, auront par jour, de supplément de solde en route, douze livres . . . . 12. 0. 0.

Chaque Lieutenant-colonel, trois livres quinze sols . . . . 3. 15. 0.

Chaque

Chaque Major, quatre livres trois sols quatre deniers. 4.¹ 3.ˢ 4.ᵈ

Chaque Interprète qui ne doit point avoir d'étape, cinq livres . . . . 5. 0. 0.

Chaque Aide-major, une livre six sols huit deniers 1. 6. 8.

Chaque Aumônier, une livre dix sols . . . . . 1. 10. 0.

Chaque Chirurgien, une livre . . . . 1. 0. 0.

Chaque Maréchal-des-logis, dix sols . . . . . 0. 10. 0.

Chaque Capitaine réformé, seize sols huit deniers 0. 16. 8.

Chaque Lieutenant réformé, dix sols. . . . . 0. 10. 0.

Chaque Sous-lieutenant, dix sols . . . . . . 0. 10. 0.

Chaque Enseigne, une livre un sol . . . . . . 1. 1. 0.

État-major des régimens de Bulkeley, Clare & Dillon, & des régimens Ecossois, Royal-Ecossois & Ogilvy.

Il sera aussi payé cinq livres par jour au second Interprète attaché au régiment Royal-Écossois, conformément à l'article III de l'ordonnance du 20 décembre 1748, concernant l'incorporation du régiment d'Albanie; lequel Interprète ne doit point avoir d'étape en route.

Second Interprète du régiment Royal-Ecossois.

L'État-major de chacun des deux régimens Irlandois de Rothe & Berwick, aura l'étape en route avec le supplément de solde, sur le pied, savoir :

État-major des régimens de Rothe & Berwick.

Chaque Colonel, douze livres par jour. 12.¹ 0.ˢ 0.ᵈ

Chaque Lieutenant colonel, trois livres quinze sols. 3. 15. 0.

Chaque Major, quatre livres trois sols quatre deniers. . . . . 4. 3. 4.

Chaque Interprète qui ne doit point avoir d'étape, cinq livres. . . . . 5. 0. 0.

Chaque Aide-major, une livre six sols huit deniers. . . . . 1. 6. 8.

Chaque Aumônier, une livre dix sols. . . . . 1. 10. 0.

Chaque Chirurgien, une livre. . . . . 1. 0. 0.

Chaque Maréchal-des-logis & au Prevôt, chacun cinq sols. . . . . 0. 5. 0.

Chacun des cinq Archers & à l'Exécuteur de Justice, chacun un sol. . . . . 0. 1. 0.

L'Infanterie des compagnies du régiment des Volontaires

Compagnies d'Infanterie du

d'Alsace, ci-devant Béyerlé, ne sera point assujétie à recevoir l'étape pendant la marche; mais dans le cas qu'elle voudra la prendre, elle sera précomptée sur le pied, savoir :

A chaque Capitaine en pied, trois livres par jour. 3.^l o.^s o.^d

A chaque Capitaine en second ou Lieutenant, une livre . . . . 1. o. o.

A chaque Sergent & Capitaine d'armes, dix sols. o. 10. o.

A chaque Soldat, cinq sols . . . . o. 5. o.

L'Officier-major, ou celui chargé du détail à l'arrivée de la troupe dans le lieu de sa destination, remettra au Commis de l'Extraordinaire des guerres, & celui du Corps de Royal-Artillerie, Sappeurs & Mineurs, au Commis du Trésorier général du Corps royal de l'Artillerie, la route en original, pour qu'il puisse former le décompte & en faire le payement, après néanmoins avoir tiré une copie exacte, tant de ladite route sur laquelle la troupe aura marché, que des revûes faites par les Maires & Échevins qui y seront inscrites, & celle du Commissaire des guerres, qui doit être pareillement au dos de ladite route; laquelle copie sera collationnée par un Commissaire des guerres, ou à son défaut par un Subdélégué de l'Intendant : Ordonne au surplus Sa Majesté que le payement du décompte ne soit fait qu'après que ladite copie aura été remise au Trésorier par l'Officier-major ou celui chargé du détail, & ledit Trésorier sera tenu de la faire passer sur le champ au Secrétaire d'État ayant le département de la guerre.

Veut au surplus Sa Majesté que la fourniture des rations d'étape continue d'être délivrée aux troupes dénommées ci-dessus, dans la même composition & quantités de rations réglées par l'ordonnance du 23 juillet 1727, à laquelle Elle ne prétend point déroger à cet égard.

L'intention de Sa Majesté est que les retenue & supplémens de solde ci-dessus réglés aux troupes d'Infanterie étrangère, continuent d'avoir leur exécution sur le pied qui leur est fixé, & sans que les Officiers desdites troupes puissent rien prétendre à cet égard, à l'occasion de l'augmentation qu'Elle a jugé à propos de leur accorder sur leurs appointemens & autres traitemens.

Quoique la subsistance des Troupes soit payée sur le pied de trente jours également par chaque mois, sans avoir égard au 31 des mois qui en ont ce nombre, ni au 28 ou 29 de février; cependant lorsqu'elles marcheront sur leur solde le trente-unième jour d'un mois, la subsistance leur sera payée pour ledit jour; & si c'est dans le mois de février, elles ne la recevront que pour autant de jours qu'aura ce mois, ainsi qu'il en est usé pour l'étape.

Cette disposition ne doit point avoir lieu pour les Lieutenans-colonels d'Infanterie, Cavalerie, Hussards & Dragons qui doivent recevoir leurs appointemens quoiqu'en route.

XVIII.

LES troupes d'Infanterie, Gendarmerie, Cavalerie, Carabiniers, Hussards & Dragons qui seront logées chez les habitans des villes & autres lieux, tant de la frontière que de l'intérieur du royaume, n'y auront que le simple couvert, avec des lits garnis de linceuls, & place au feu & à la chandelle de l'hôte, suivant sa commodité.

Logement des gens de guerre.

DÉFEND Sa Majesté aux Officiers, Gardes-du-corps, Gendarmes, Chevaux-légers, Mousquetaires, Cavaliers, Carabiniers, Hussards, Dragons & Soldats, de prendre aucun sel dans les pays étrangers, ou dans ceux de l'obéissance de Sa Majesté où la gabelle n'est point établie, ni de se charger d'aucun tabac ou autres marchandises prohibées, pour transporter, vendre ou débiter, en telle manière que ce puisse être, & à quelque personne que ce soit, dans les provinces du royaume; à peine aux Chefs & Commandans, de répondre sur les payes à eux ordonnées, & sur leurs biens, des dommages qui seroient faits aux fermes générales par ceux étant sous leur charge; & aux Gardes, Gendarmes, Chevaux-légers,

Défense de faire le faux-saunage.

Moufquetaires, Cavaliers, Carabiniers, Huffards, Dragons & Soldats, d'être punis fuivant la rigueur des ordonnances contre les faux-fauniers. Défend auffi Sa Majefté à tous fes Sujets, de quelque qualité & condition qu'ils foient, de commettre le faux-faunage, ni d'affifter & favorifer en quelque forte que ce foit, les gens de guerre qui le commettront, auffi fur les peines des ordonnances.

Défend encore Sa Majefté auxdits gens de guerre, d'aller, ni d'envoyer couper, abattre, ni prendre aucun bois dans les forêts & buiffons, à qui que ce foit qu'ils appartiennent, d'y chaffer à la campagne, en quelque lieu que ce puiffe être; de tirer avec fufils ni autres armes à feu fur les pigeons & fur le gibier, ni pêcher dans les étangs, à peine de punition corporelle : Voulant que les coupables des crimes ci-deffus foient punis par les Prevôts des Maréchaux, & à leur défaut par les Juges ordinaires des lieux, felon la rigueur des ordonnances; fans que les gens de guerre puiffent auxdits crimes alléguer aucune exception ni privilége, ni les Juges y avoir égard.

MANDE & ordonne Sa Majefté aux Généraux commandant fes armées, aux Officiers généraux ayant commandement fur fes troupes, aux Gouverneurs & Lieutenans généraux dans fes provinces, aux Gouverneurs & Commandans de fes villes & places, aux Infpecteurs généraux de fes troupes, aux Intendans de fes armées, dans fes provinces & fur fes frontières, aux Commiffaires des guerres, & à tous autres fes Officiers qu'il appartiendra, de tenir la main à l'exécution de la préfente ordonnance. FAIT à Verfailles le premier avril mil fept cent cinquante-neuf. *Signé* LOUIS. *Et plus bas,* LE M.^{AL} DUC DE BELLE-ISLE.

www.ingramcontent.com/pod-product-compliance
Lightning Source LLC
LaVergne TN
LVHW021033050726
842519LV00003B/850